21 世纪中等职业教育特色精品课程规

电控柴油发动机原理与维修（修订版）

DIAN KONG CHAI YOU FA DONG JI
YUAN LI YU WEI XIU

主　编：扈佩令

参　编：狄恩仓　于海东　蔡永红　陈　波

　　　　徐银泉　杨海鹏　邓冬梅　李丽娟

　　　　钟利兰　黄　静

北京理工大学出版社

BEIJING INSTITUTE OF TECHNOLOGY PRESS

内 容 简 介

柴油机的电控系统包括燃油系统的电子控制和柴油机空气供给系统的电子控制，电子控制系统的应用使得柴油机在动力性、经常性和排放性能等方面都取得了巨大的进步。

本书主要介绍了柴油机电控系统的工作部件、直列柱塞泵与电控分配泵、电控柴油喷嘴燃油喷射系统、电控单体泵燃油喷射系统、电控高压共轨燃油喷射系统、电控柴油机进排气控制系统和柴油机电控系统故障诊断与排除，内容翔实，丰富。

本书适合中等职业院校汽车类相关专业的课程教学用书，也可作为相关行业从业人员的培训和参考用书。

图书在版编目（CIP）数据

电控柴油发动机原理与维修 / 扈佩令主编. —北京：北京理工大学出版社，2018.1 重印

ISBN 978-7-5640-4599-9

Ⅰ . ①电… 　 Ⅱ . ①扈… 　 Ⅲ . 汽车 – 电子控制 – 柴油机 – 理论 ②汽车 – 电子控制 – 柴油机 – 车辆修理 　 Ⅳ . ① U464.172.01 ② U472.43

中国版本图书馆 CIP 数据核字（2011）第 101162 号

出版发行 / 北京理工大学出版社有限责任公司

社　　址 / 北京市海淀区中关村南大街 5 号

邮　　编 / 100081

电　　话 /（010）68914775（总编室）
　　　　　（010）82562903（教材售后服务热线）
　　　　　（010）68948351（其他图书服务热线）

网　　址 / http：//www.bitpress.com.cn

经　　销 / 全国各地新华书店

印　　刷 / 定州市新华印刷有限公司

开　　本 / 710 毫米 × 1000 毫米　1/16

印　　张 / 10.75

字　　数 / 186 千字

版　　次 / 2018 年 1 月第 1 版第 9 次印刷

定　　价 / 29.00 元

责任校对 / 陈玉梅

责任印制 / 边心超

出版说明

近年来，随着我国汽车行业的不断发展，汽车保有量呈现出迅猛增加的趋势，汽车维修、售后服务以及汽车销售人才所存在的缺口问题也越发明显。特别是建立在先进传感技术基础上的故障诊断系统在各种汽车上大量应用之后，各种现代化检测诊断仪器和维修技术也应运而生，现代汽车已发展成为机电一体化的高科技载体。这给汽车维修业带来了极大的机遇和挑战，同时也对汽车维修人员的技术水平提出了更高、更新的要求。

为适应企业和市场对人才需求的变化，满足社会对技能型人才的需求，北京理工大学出版社特邀请一批知名行业专家、学者以及一线教学名师，规划出版了本套"21世纪中等职业教育特色精品课程规划教材"。

作者在编写之际，广泛考察了各校学生的学习实际，本着"实用、适用、先进"的编写原则和"通俗、精炼、可操作"的编写风格，着力培养能直接从事实际工作、解决具体问题、维持有序工作的应用型人才。

本系列教材坚持如下定位：

■ 以就业为导向，培养学生的实际运用能力，以达到学以致用的目的；

■ 以科学性、实用性、通用性为原则，以使教材符合汽车类课程体系设置；

■ 以提高学生综合素质为基础，充分考虑对学生个人能力的提高；

■ 以内容为核心，注重形式的灵活性，以便学生易于接受。

本系列教材配有大量的插图、表格和大量的图片资料，介绍了大量的故障诊断、维修服务和营销案例。

■ 在内容上强调面向应用、任务驱动、精选案例、严把质量；

■ 在风格上力求文字简练、脉络清晰、图表明快、版式新颖；

■ 在理论阐释上，遵循"必需"、"够用"的原则，在保证知识体系相对完整的同时，做到知识讲解实用、简洁和生动。

本系列教材适合中等职业院校汽车类相关专业的课程教学用书，也可作为相关行业从业人员的培训和参考用书。

前　言

　　本书首先介绍了柴油机电控技术的发展史、柴油喷射系统的分类、系统的功能与优点；接着介绍了柴油机电控系统的工作部件，包括使电控柴油机正常工作的传感器、执行器和控制单元；课题三主要讲述了位置控制式柴油电控喷射系统的组成与工作原理，包括位置控制式的直列柱塞泵和电控分配泵；课题四和课题五重点讲述时间控制式柴油电控喷射系统的组成、原理以及检修，包括电控泵喷嘴和电控单体泵系统；课题六讲述了在柴油机上应用越来越广泛的高压共轨系统，不仅介绍了高压共轨系统的结构与组成、工作原理，还介绍了高压共轨系统的维修和一些常见故障的排除方法；课题七主要讲述电控柴油机的进排气系统，包括涡轮增压系统、废气再循环系统及尾气处理系统；最后介绍了电控柴油机的故障诊断与排除，其中的故障诊断与排除方法，及实际故障案例分析在维修实践中具有重要的意义。

　　本书内容新颖，与时俱进，详细地介绍了各柴油电控系统的结构与工作原理。本书注重图文结合，描述简洁明了，可供汽车柴油机电子控制系统的维修人员、科技人员、工程技术人员及中等职业院校相关专业的师生使用。

编　者

目　录

课题一 柴油发动机电控系统简述

● [学习任务]

1. 了解柴油发动机电控技术的发展过程。
2. 掌握柴油发动机电控系统的类别。
3. 了解柴油发动机电控系统的功能。
4. 了解柴油发动机电控系统的优点。

● [技能要求]

对比各种类别的电控柴油机，了解其相同与不同的地方。

任务一 柴油机电控系统的发展

　　电控柴油发动机与传统柴油机的主要区别在于它的燃油供给系统的不同，前者采用的是电控燃油喷射系统，而后者采用的是机械式燃油喷射系统。从结构和功能的角度看，柴油机的电控系统包括燃油系统的电子控制和柴油机空气供给系统的电子控制。电子控制系统的应用使得柴油机在动力性、经济性和排放性能等方面都取得了巨大的进步。

　　早在20世纪70年代，人们就开始研究柴油发动机电子控制技术来替代机械控制。到目前为止，已经研究出许多功能各异的柴油机电子控制技术，大部分已经产品化并投放市场。这期间经历了三代。

第一代：位置控制式
第二代：时间控制式
第三代：时间—压力控制式（高压共轨式）

第一代柴油机电控燃油喷射系统——位置控制系统。这种系统的主要特点是保留了大部分传统的燃油系统部件，如喷油泵—高压油管—喷油嘴系统和喷油泵中齿条、齿圈、滑套、柱塞上的螺旋槽等零件，只是用电子伺服机构代替机械式调速器来控制供油滑套或燃油齿条的位置，使得供油量的调整更为灵敏和精确。图1-1为第一代电控柴油分配泵，最明显的特征就是具有用于调整控制油量的油量调节器及滑套位置传感器。

这类技术已发展到了可以同时控制定时和预喷射的正时和喷油率控制系统（TICS）。

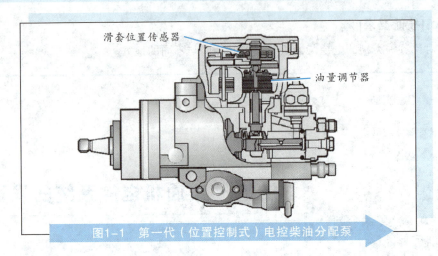

图1-1　第一代（位置控制式）电控柴油分配泵

第二代柴油机电控燃油喷射系统——时间控制系统。这种系统可以保留原来的喷油泵—高压油管—喷油器系统，也可以采用新型高压燃油系统。其喷油量和喷油定时是由电脑控制的强力高速电磁阀的开闭时刻所决定：电磁阀关闭，执行喷油；电磁阀打开，喷油结束。即喷油始点取决于电磁阀关闭时刻，喷油量取决于电磁阀关闭时间的长短，因此可以同时控制喷油量和喷油定时。

传统喷油泵中的齿条、滑套、柱塞上的斜槽和提前机构等全部取消，使系统对喷射定时和喷射油量控制的自由度更大。图1-2为时间控制式的径向柱塞分配泵，其明显特征是泵上装有油泵控制单元、控制喷油量的喷射控制电磁阀和控制喷油提前角的定时控制电磁阀。

第三代柴油机电控燃油喷射系统——时间—压力控制系统。也称电控高压共轨系统，这种系统包括了高压共轨系统和中压共轨系统。这是20世纪90年代国外最新推出的新型柴油机电控喷油技术。该系统摈弃了传统的泵—管—喷嘴的脉动供油方式，用一个高压油泵在柴油机的驱动下，连续将高压燃油输送到共轨管内，高压燃油再由共轨送入各缸喷油器，通过控制喷油器上的电磁阀实现喷射的开始和终止。图1-3为康明斯柴油机高压共轨系统。

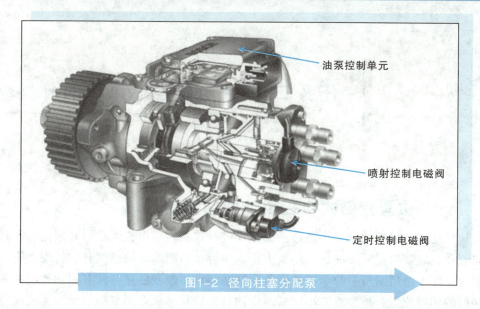

图1-2　径向柱塞分配泵

- 油泵控制单元
- 喷射控制电磁阀
- 定时控制电磁阀

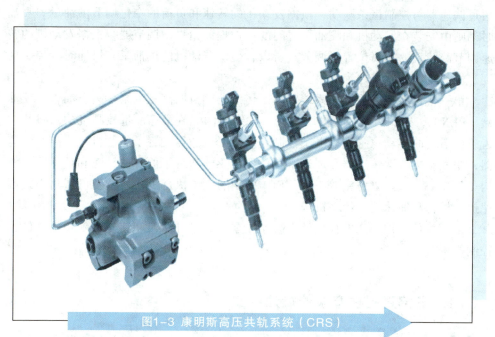

图1-3　康明斯高压共轨系统（CRS）

　　为满足日益严格的尾气排放法规，降低发动机的燃油消耗和减少废气排放中的有害成分，单靠传统的机械控制技术不足以解决问题，目前满足我国国Ⅲ排放标准的柴油发动机主要采用的是电控高压共轨系统。

任务二 柴油电控燃油系统的分类

一、位置控制式电控燃油喷射系统

传统柴油机喷油量大小通过机械方式进行控制，即由喷油泵柱塞顶面封住径向油孔到柱塞斜槽露出油孔的距离决定，也就是由喷油泵的供油有效行程决定。驾驶员踩下油门踏板、拉动控油齿条使柱塞转动，改变柱塞与开有回油孔的柱塞套筒的相对位置，增加或减小柱塞的供油有效行程，从而调节喷油量。加速踏板通过调速器与控制齿条联动，根据发动机的转速和负荷的变化调节供油量。喷油时刻则由安装在发动机和喷油泵之间的供油提前角自动调节器，根据发动机的转速调节凸轮轴的相对位置来调节。所以，传统柴油机的供油量、供油时刻控制精度、供油特性、响应性等较差。

第一代位置控制式燃油系统保留了传统柴油机的高压油泵—高压油管—喷油器（PLN）、控制齿条、齿圈、滑套、柱塞上的螺旋槽等油量控制机构，只是对齿条或滑套的移动位置进行电子控制。用电子调速器代替了传统机械式离心调速器，用发动机转速传感器和加速踏板位置传感器代替了原有的转速和负荷传感机构（如离心飞块、真空室等），用ECU控制的电子执行机构代替了机械离心式调速执行机构和加速踏板传动机构。

第一代位置控制式电控燃油系统，主要有直列柱塞泵和转子分配泵两种位置控制机构。

 1. 电控直列柱塞泵的燃油系统

电控直列柱塞泵的燃油系统的喷油量控制装置采用占空比电磁阀式或直流电动机式电子调速器，其反馈元件是齿条位置传感器。占空比电磁阀式电子调速器的结构如图1-4所示。占空比电磁阀安装在原高压油泵供油齿条的一端，电磁阀的铁芯与高压油泵的供油齿条连成一体。当电流流过电磁线圈时，产生作用在铁芯上、与通电占空比成正比的电磁力，铁芯推动供油齿条移动。当电磁力与供油齿条回位弹簧力平衡时，供油齿条就停留在该位置上。改变电磁阀

通电占空比即可调节供油齿条的位置。设置一个供油齿条位置传感器作为反馈元件，向ECU输送供油齿条实际位置，即可实现供油量的闭环控制。直列柱塞泵的供油齿条位置传感器和发动机转速传感器安装在电子调速器内。

电控直列柱塞泵的燃油系统的喷油正时控制机构是在原高压油泵机械式供油提前角自动调节器的基础上，增加电控元件来实现对喷油泵供油正时控制。其控制喷油正时的方式与机械控制方式一样，也是靠改变喷油泵凸轮轴与柴油机曲轴之间的相对位置来实现供油正时的调节。图1-5为直列柱塞泵供油正时电控系统的组成，它主要由正时控制器、电磁阀、转速传感器、正时传感器和

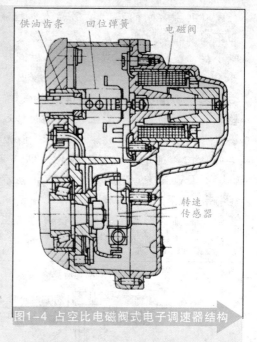

图1-4　占空比电磁阀式电子调速器结构

ECU组成。两个电磁阀分别安装在正时控制器进回油路中，控制正时控制器工作的液压油来自柴油机润滑系统。正时控制器安装在喷油泵驱动轴与凸轮轴之间，由液压控制的正时控制器可以使喷油泵凸轮轴相对驱动轴在一定范围内转动。柴油机转速传感器安装在喷油泵驱动轴上，ECU主要根据转速和负荷信号确定基本供油提前角，再根据水温等信号进行修正，并通过两个电磁阀控制正时控制器工作，以实现喷油泵正时控制。正时传感器安装在喷油泵凸轮轴上，用来检测凸轮轴的位置和转角，ECU根据正时传感器信号判断实际的供油正时，并对供油正时进行闭环控制。

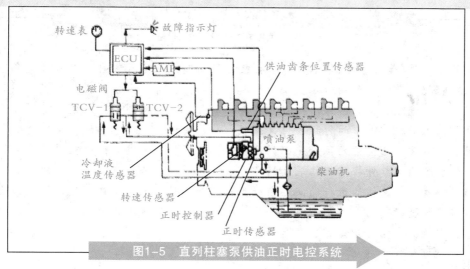

图1-5　直列柱塞泵供油正时电控系统

直列泵常用的正时控制器为电控液压式，它的工作原理如图1-6所示。喷油泵驱动轴通过驱动盘、滑块、滑块销、大小偏心轮驱动凸轮轴转动。当需要减小供油提前角时，ECU控制电磁阀使正时控制器的进油通道关闭而回油通道开启，如图1-6（a）所示。液压腔内的油压下降，在回位弹簧的作用下活塞向右移动，而滑块和滑块销向内移动，安装在滑块销上的大小偏心轮转动，使凸轮轴相对驱动盘沿转动相反的方向转过一定角度，这时，喷油泵供油提前角减小。当需要使喷油泵供油提前时，ECU控制电磁阀使正时控制器的进油通道开启而使回油通道关闭，如图1-6（b）所示。液压润滑油进入液压腔使油压升高，并推动活塞向左移动，活塞推动滑块和滑块销向外移动，偏心轮转动使凸轮轴相对驱动盘沿转动方向转过一定角度，喷油泵供油提前角增大。喷油泵的供油正时随正时控制器液压腔内的油压而变化，ECU通过电磁阀控制液压腔内的油压，完成供油正时控制。

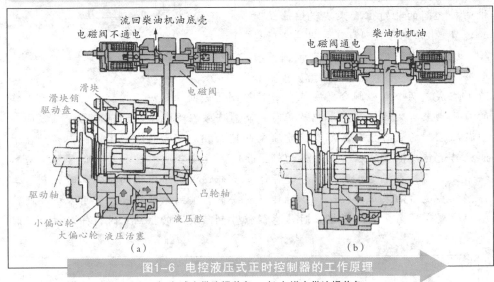

图1-6 电控液压式正时控制器的工作原理

（a）减小供油提前角；（b）增大供油提前角

图1-7为位置控制式电控直列柱塞泵系统工作原理示意图。在该系统中，ECU根据负荷（加速踏板位置）信号和转速信号，并参考供油齿条位置、冷却液温度、进气压力等信号，按ECU内存储的数据或脉谱图进行比较并计算出喷油量，再通过ECU中的行程或位置伺服电路，使电子调速器内的占空比电磁阀控制喷油泵供油齿条的位置。而供油齿条的实际位置由电子调速器内的齿条位置传感器检测，并将检测结果反馈给ECU，再对输送给占空比电磁阀的占空比值进行修正，使供油齿杆的实际值与目标值相一致。采用反馈控制，可对供油齿杆位置进行高精度控制和定位，同时也对循环供油量进行精确控制，也可用来监测控制系统是否发生了故障。

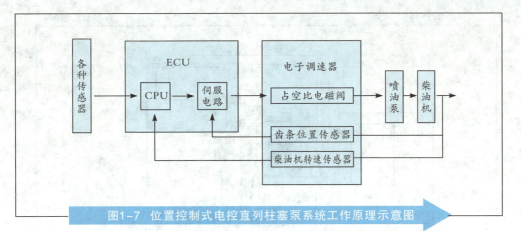

图1-7 位置控制式电控直列柱塞泵系统工作原理示意图

2. 电控转子分配泵的燃油系统

电控转子分配泵供油量装置采用转子式或占空比电磁阀式电子调速器。采用转子式电子调速器的供油量控制装置图如图1-8所示。调速器主要由定子、线圈、转子轴和滑套位置传感器组成，转子轴下端的偏心钢球伸入油量控制滑套的凹槽中。因为定子是不对称的，当给线圈通入电流变化的直流电时，就会产生使转子轴转动的电磁力矩。当电磁力矩与转子轴回位弹簧力矩平衡时，转子轴就会固定在某一位置；转子轴转动时，通过伸入滑套凹槽内的偏心钢球使滑套轴向移动，从而改变喷油泵的供油量，如图1-9所示。

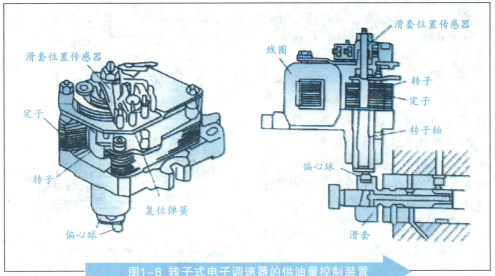

图1-8 转子式电子调速器的供油量控制装置

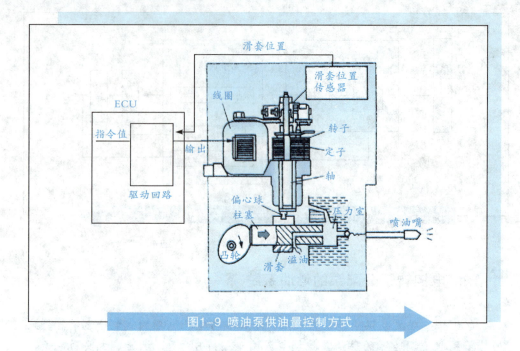

图1-9 喷油泵供油量控制方式

ECU通过控制流经线圈的电流方向来控制转子轴的转动方向，通过控制通电占空比来控制转子轴转动的角度。滑套位置传感器（或称溢油位置传感器）安装在转子轴上，ECU通过该传感器检测到的转子轴位置信号确定油量控制滑套的实际位置，并对滑套位置（喷油量）进行闭环控制。

转子分配泵供油的正时控制是在原供油提前角自动调节器活塞两侧油腔之间增加一条液压通道，并由ECU通过电磁阀控制该液压通道来实现，如图1-10所示。ECU根据柴油机的转速和负荷信号确定基本供油提前角，再根据水温等信号进行修正，并通过电磁阀控制正时活塞左右两侧的油腔内的燃油压力差，借以改变正时活塞的位置。正时活塞左右移动时，通过传动销带动转子分配泵内的滚轮架转动，从而改变喷油泵的供油正时。

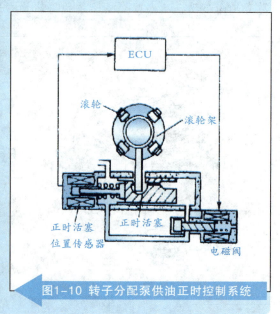

图1-10 转子分配泵供油正时控制系统

正时活塞位置传感器为差动电感式，其工作原理如图1-11所示。传感器铁芯随正时活塞移动，传感器线圈内产生与活塞位置成正比的电压信号，这个电压信号为自感电压信号，ECU根据该传感器信号对喷油泵供油正时进行闭环控制。

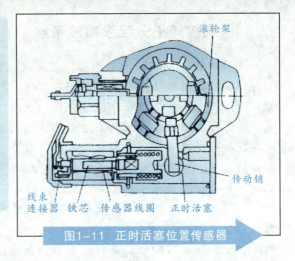

图1-11 正时活塞位置传感器

转子分配泵供油量位置控制式系统的组成和工作原理与直列柱塞泵基本相同，不同之处是将控制齿条位置变为控制滑套位置，ECU所控制的执行元件和指令信号不同。在采用转子分配泵的电控系统中，柴油机转速传感器一般安装在转子分配泵驱动轴或曲轴上。

在改进后的电控位置控制系统中，常用博世公司的转子分配泵。在该系统中，ECU根据滑套位置传感器输入的信号驱动油量调节器调节供油量。若滑套位置传感器和油量调节器失效，发动机将运行不稳直至熄火，这时发动机的预热指示灯闪烁。喷油器的正时控制，是由ECU根据安装在第3缸喷油器上的针阀升程传感器信号，来确定喷油器喷油始点。如果针阀升程传感器失效，喷油器喷油正时信号将转换到开环控制。在正常工作时，喷油器喷油正时信号由闭环功能控制，即ECU根据发动机的转速、负荷和温度等信号进行控制。若针阀升程传感器信号失效，则发动机运转不稳、废气排放恶化，发动机预热灯闪烁。一汽捷达轿车SDI电控柴油喷射系统，就是采用博世公司的EDC（即在转子分配泵上实行位置控制式电控柴油喷射系统）。

二、时间控制式电控燃油喷射系统

对供油量实行位置控制，其特点是以模拟量来控制执行元件的工作，通过对喷油泵油量控制机构的定位来获得所需的供油量。闭环控制供油量的反馈信号也是由模拟信号传感器检测，ECU对模拟信号进行A／D转换后才能处理，所以供油量控制精度和执行元件的响应速度都较差。在位置控制方式中，所用的电子调速器需要由部分机械装置完成对喷油泵供油量的调节，这也会降低控制精度和响应速度。采用时间控制方式，可以弥补位置控制的不足。

1. 电控转子分配泵喷油系统

转子分配泵的供油控制原理，是利用油量控制滑套的位置变化来控制高压腔与低压腔之间回油通道相通时间的变化，即在供油压力和供油开始时刻一定时，通过滑套位置变化来改变停止供油时刻，实现供油量控制。如果在回油通道上安装一个由ECU控制的高速电磁阀来代替滑套控制回油通道的开闭，就可以实现供油量时间控制。高速电磁阀安装在柱塞顶部的高压腔与低压腔之间的回油通道中。采用时间控制式的转子分配泵系统已经取消了油量控制滑套，也取消了泵油柱塞上的回油槽。

时间控制式电控转子分配泵供油量装置如图1-12所示。高速电磁阀安装在泵油柱塞顶部高压油腔的回油通道中，它由控制器操纵控制，而控制器又由ECU控制。驱动器的作用是将控制器输出的信号放大后作为电磁阀的驱动电流。在喷油泵内安装有电磁感应式或霍尔式泵角传感器，用于检测喷油泵驱动轴的位置和转角，传感器将信号输入控制器，控制器再将泵角传感器输入的转角信号传递给ECU，使ECU确定柴油机转速。后期开发的转子分配泵时间控制系统，一般将控制器、驱动器和ECU组合成一体。

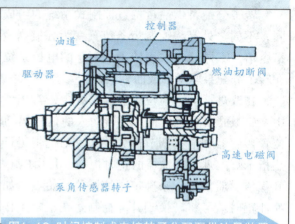

图1-12 时间控制式电控转子分配泵供油量装置

转子分配泵供油量时间控制系统如图1-13所示。其工作原理是：ECU根据各种传感器信号计算出供油量，向控制器发出指令，控制器再根据ECU的指令，并参考燃油温度传感器等信号对分配给各缸的喷油量进行平衡，并通过驱动器控制高速电磁阀工作。传统分配泵中的柱塞工作过程可分为吸油、泵油和回油过程；而时间控制式转子分配泵柱塞只有吸油和泵油两个工作行程，柱塞没有回油作用。时间控制式分配泵系统所用的高速电磁阀为常闭式，在柱塞吸油行程中电磁阀处于关闭状态，泵油过程开始后在高压油腔产生高压，喷油泵向喷油器供油。当控制器发出指令使电磁阀通电时，电磁阀打开高压腔回油通道，这时柱塞顶部高压腔内油压迅速下降，喷油器向汽缸供油被切断。从柱塞泵油行程开始到高速电磁阀开启时间的长短决定了喷油量多少，柱塞泵油行程开始越早、高速电磁阀开启越晚，供油量越多。而柱塞泵油行程开始时刻由供油正时确定。电磁阀关闭时间传感器用于供油量闭环控制，喷油始点传感器信号用于供油正时闭环控制。

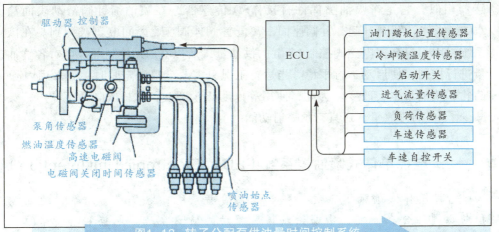

图1-13　转子分配泵供油量时间控制系统

　　转子分配泵供油量时间控制系统中，在VE分配泵回油通道上安装的高速电磁阀的结构如图1-14所示。**电磁阀的作用是：**它的关闭时刻决定喷油始点，它的关闭持续时间决定喷油量。为提高电磁阀的响应速度，采用多匝线圈和大面积电枢，并采用电磁阀关闭时间传感器(DVC传感器)来精确测定电磁阀的关闭始点和终点，作为反馈修正。DVC传感器的工作原理如图1-15所示。由图1-14可知，阀芯圆柱面与阀体接触，要精确测定电磁阀关闭始点和终点，就要检测阀芯的锥形阀口与阀体之间接触与否，所以必须使阀芯圆柱面与阀体的接触绝缘。为此在阀芯的圆柱面上喷涂一层耐磨的ZrO_2涂层。当阀芯锥阀口关闭，与阀体接触时，电路闭合，于是输出电信号。当锥阀口开启后，电路断开，于是可以确定电磁阀关闭和开启的精确时刻。

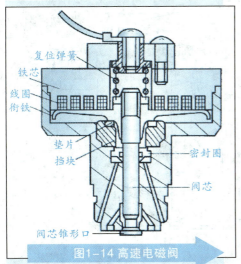

图1-14 高速电磁阀

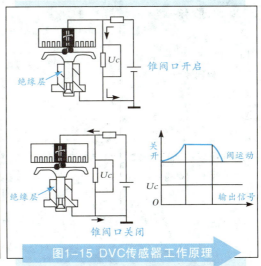

图1-15 DVC传感器工作原理

在该系统中还使用了喷油始点传感器（SOI传感器），其作用原理与DVC传感器相似，它是将喷油嘴偶件直接作SOI传感器，在喷油嘴针阀滑动表面涂ZrO₂绝缘体。针阀升起，针阀座面一离开针阀体阀座，就可立刻被测到。在该系统中用一只高速电磁阀控制4个缸的供油量，所以在ECU控制下，可对各缸油量进行控制，使启动运行平稳。当运行工况只需改变喷油定时时，如采用VE泵凸轮，喷油量也会改变。为此，使用等速度凸轮型线，这样既降低了噪声，又减少了NO_x的排放量，还具有预喷射功能。

 ## 2. 电控单体式喷油器系统（EUI，Electronic Unit Injection）

电控单体式喷油器系统，即电控泵喷嘴系统，它是将喷油泵、喷油嘴和电磁阀组合在一起，由凸轮轴摇臂驱动的喷油系统。电控泵喷嘴系统，每缸安装一个泵喷嘴，四缸机有4个泵喷嘴，六缸机有6个泵喷嘴，泵喷嘴分别安装在缸盖上的原喷油器位置。它由安装在汽缸体上的凸轮摇臂驱动或由安装在汽缸盖上的凸轮轴摇臂驱动。电控泵喷嘴系统，其喷油量和喷油定时由ECU控制电磁阀的关闭时间决定，所以称作时间控制式电控燃油喷射系统。

电控泵喷嘴没有高压油管，没有机械式供油量调节齿条，喷油量和喷油正时由电子控制单元根据各种传感器输入的信号，使电磁阀关闭来执行喷油，电磁阀打开结束喷油。在电控泵喷嘴系统中，由于没有高压油管，因此可以消除高压油管中压力波和燃油压缩的影响，使高压容积大大减少，喷射压力得以提高，最高可达200 MPa。

电控泵喷嘴可应用在柴油小轿车、轻型车及中型、重型载货柴油汽车发动机上，其尾气排放可达欧Ⅲ标准。我国一汽大众宝来TDL柴油轿车采用的是德国博世公司电控泵喷嘴系统。图1-16为美国底特律（Detroit）公司的DDEC系统电控泵喷嘴结构组成示意图。

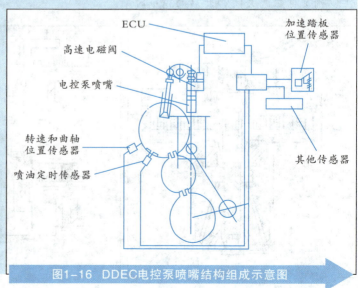

图1-16　DDEC电控泵喷嘴结构组成示意图

3. 电控单体泵系统（EUP，Electronic Unit Pump）

电控单体泵和电控泵喷嘴一样，燃油喷射所需要的高压，仍然由在套筒内做往复运动的柱塞产生，喷油量和喷油正时控制则由ECU根据各种传感器输入的信号进行控制。单体式喷油泵总成内的单体泵，六缸机有6个单体泵，并组装在一个壳体里；四缸机有4个单体泵，并组装在一个壳体里。单体泵总成安装在发动机缸体的右侧，由凸轮轴驱动单体泵上的滚轮，推动套筒内的柱塞向上运动，产生喷射所需要的燃油高压。当ECU使电磁阀断电时，高压燃油顶开喷嘴针阀将燃油喷入汽缸；当ECU发出通电指令，电磁阀打开时，喷油结束。电磁阀打开后，套筒内的柱塞在回位弹簧的作用下向下移动，低压燃油开始溢流回油箱。单体泵喷油压力可达180 MPa以上。

每个单体泵上安装有一个电磁阀，通过ECU控制电磁阀的关闭和打开时间长短，控制喷油量和喷油正时。所以电控单体泵仍属于时间控制式，是第二代电控燃油喷射系统。

电控单体泵有高压油管，和电控泵喷嘴一样，没有机械式供油量调节齿条。

电控单体泵系统是由博世公司喷油泵—高压油管—喷油嘴（PLN）系统发展起来的高压燃油喷射系统，现在已广泛应用在美国和欧洲各国的电控柴油机上，特别是在中型、重型载货汽车柴油机上应用较为普遍。电控单体泵系统对油的清洁度不太敏感，对柴油的含硫量要求不是很高；电控单体泵结构简单、性能可靠、故障率低、维修方便。在欧洲市场上，85%以上的重型柴油车采用电控单体泵技术。电控单体泵系统，尾气排放可达欧Ⅲ标准。我国玉柴等柴油机公司引进美国德尔福（Delphi）单体泵系统，研制和开发了多款不同排量的电控柴油机，并已装车使用，用户反应良好。如玉柴的YC6G、YC6L、YC4G系列电控柴油机，采用的就是德尔福单体泵系统。我国成都威特公司生产的P7100电控单体泵是具有自主知识产权的专利产品，现已应用在国产电控柴油机上。

三、时间——压力控制式高压共轨系统

第3代电控燃油喷射系统是电控共轨式燃油喷射系统。在电控高压共轨系统中，各缸喷油器共用一个高压油轨，这个高压油轨是用无缝钢管制成的，用于储存高压燃油，所以它也叫做高压蓄压器。在高压共轨系统中，对喷油量的控制采用"时间—压力控制"或"压力控制"，用得最多的是"时间—压力控制"式。

电控高压共轨系统主要由油箱、输油泵、高压油泵、公共油轨（蓄压器）和电控元件组成。电动输油泵从油箱中吸出柴油并输入低压油管中，高压油泵将低

压燃油加压后输入公共油轨中，喷油器内的电磁阀根据ECU指令切断回油通路，高压燃油克服喷油器内的弹簧预紧力而开启喷油，最高喷射压力可达135 MPa以上。在高压油泵的出口处安装有一个压力调节阀，用来调节公共油轨中的供油压力。ECU根据柴油机的转速、负荷信号，控制压力调节阀的开度，从而增加或减少高压油泵的供油量，实现对油轨中油压的控制。在公共油轨上还安装有限压阀和流量限制阀，进一步控制油轨中的燃油压力，使之保持稳定。高压共轨系统采用一种喷射压力与发动机转速无关的供油方式，即喷射压力的产生和喷射过程互相分开的一种供油方式。喷油量大小由ECU控制喷油器电磁阀开启时间长短决定，所以称作为"时间—压力控制"式高压共轨系统。

高压共轨系统采用电液式喷油器，控制喷油器的油液就是共轨中的高压柴油，各缸的喷油器进油管与公共油轨相连。在喷油器顶部安装有一个三通电磁阀，电磁阀的作用是控制喷油器内控制室的进油、回油通道，由ECU根据各种传感器信号控制电磁阀工作。电磁阀不通电时，控制室进油通道开启、回油通道关闭，而公共油轨中的高压柴油经电磁阀进入控制室，喷油器下部的油腔与共轨腔保持相等的高压，而喷油器针阀的承压锥面比控制活塞上部承压面小，加上针阀上作用着回位弹簧弹力，所以电磁阀断电使高压燃油进入控制室时，喷油器不喷油。当ECU使电磁阀通电时，电磁阀关闭了控制室进油通道，回油通道开启，这时控制室油压迅速下降，喷油器油腔内的高压柴油将针阀顶起开始喷油，直到电磁阀再次断电使高压柴油进入控制室时，喷油器喷油结束。

综上所述，在"时间—压力控制"式高压共轨系统中，公共油轨中的油压高低由ECU控制压力调节阀，使之保持不变，ECU又通过控制电磁喷油器实现喷油量和喷油正时控制。电磁阀通电开始时刻即喷油时刻，而通电时间长短决定喷油量大小。

为降低对供油压力的要求，后期开发的共轨系统对喷油量采用控制压力的方法，即压力控制式高压共轨燃油喷射系统。

压力控制式高压共轨系统的结构组成如图1-17所示。该系统主要由低压输油泵（2～10 MPa）、蓄压式电液喷油器、供油压力调节阀、公共油轨、中压输油泵、电磁阀和油压增压器等组成。ECU根据各种传感器输入的信号控制供油压力调节阀，调节公共油轨中的油压。ECU还控制喷油器电磁阀的工作，使喷油持续时间保持不变，以实现对喷油量的压力控制。在该系统中，输油泵的压力不高，但喷油器内的油压增压器可以提高喷油压力到160 MPa左右，以保持高压喷射。

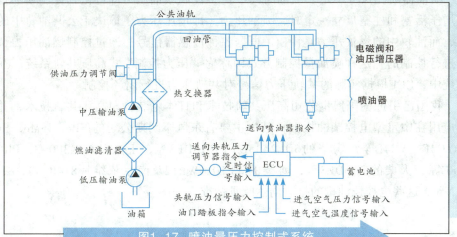

图1-17 喷油量压力控制式系统

　　蓄压式电液喷油器的工作原理如图1-18所示。喷油器上部安装有一个三通电磁阀，当电磁阀通电时，增压活塞上方的进油通道开启而回油通道关闭，油轨中的中压燃油进入喷油器中的增压活塞上方。由于增压活塞上方面积大于柱塞下方的面积，根据增压压力按面积比放大原理，经过单向阀进入柱塞下方的蓄压室中的燃油压力按面积比提高10～16倍，增压后的油压可达100～160MPa，并充满喷油器柱塞偶件的油室。此时，在针阀上部油压和回位弹簧的双重作用下，针阀关闭，喷油器不喷油，如图1-18（a）所示。当电磁阀断电时，增压活塞上部的回油通道开启而进油通道关闭，针阀上部油压下降，在喷油器内的高压燃油将针阀顶开，喷油器随即开始喷油，如图1-18（b）所示。

当喷油器油室内的油压下降到一定值时，柱塞上方的燃油压力和弹簧力迫使针阀关闭，喷油结束。喷油时刻由电磁阀的断电时刻决定，即喷油正时一定，针阀回位弹簧的弹力一定，停止喷油时喷油器内油室中的压力也一定，喷油器喷油时间也被固定，即喷油量一定。

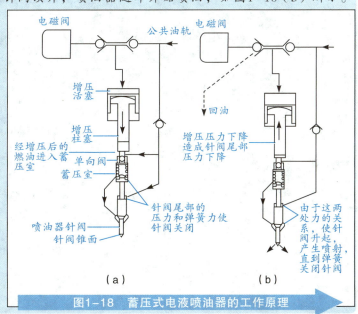

图1-18 蓄压式电液喷油器的工作原理

喷油器喷孔尺寸一定、喷油时间一定，控制喷油压力即可做到控制喷油量。在增压活塞和柱塞尺寸一定时，喷油压力（即增压压力）取决于公共油轨中的油压，而油轨中的燃油压力是由ECU根据各种传感器信号，通过控制燃油压力调节阀进行控制的，这种喷油量控制方式即称为"压力控制"式高压共轨系统。在该系统中，ECU根据实际的共轨压力信号对共轨压力进行闭环控制。

我国已引进德国博世公司高压共轨技术和日本电装公司高压共轨技术，并将其应用在中重型电控柴油机上，其中主要有东风康明斯公司的ISBe、ISMe，玉柴的YC4F、YC4L等，锡柴的6DL2-35E3、CA6DF3等，上柴的6CK300-3、PllC、J08C等，大柴的CA6DE3等，潍柴的WP10、WP12及南京依维柯8140.43、8140.43N等。这些电控柴油机的排放均达欧Ⅲ标准。

任务三 电控系统的功能

一、喷油量控制

　　基本喷油量由调速器特性图获得，它由加速踏板位置和发动机转速来计算。在发动机启动时燃油喷射量由发动机启动转速和冷却液温度决定。而标准的燃油喷射量由发动机转速和加速踏板位置决定。

　　燃油量的喷射可能受到下列因素的影响：过量的废气排放，过多的碳烟，大扭矩或超高转速引起的机械过载，过高的排气、冷却液、机油、涡轮增压器温度引起的超高热负荷，触发时间过长引起的电磁阀过高的热负荷。

　　为了避免这些负面影响，用许多的输入变量（例如进气量、发动机转速、冷却液温度）来生成这些限制图形，以限制最高的燃油喷射量和最大的发动机扭矩。

二、怠速控制

　　柴油机怠速运转时，由于发电机、空调压缩机、动力转向油泵等装置的工作状态变化将引起发动机负荷的变化，从而导致发动机转速的变化。柴油机电子控制系统通过反馈控制系统控制喷油量，把怠速控制在所设定的目标转速值上。

三、喷油正时控制

　　主喷射起始时刻由燃油喷射量和发动机转速来计算，预喷射时间间隔也是由燃油喷射量和发动机转速来计算。喷油正时控制示意图如图1-19所示。

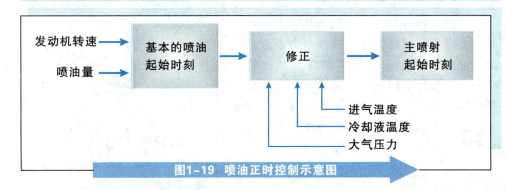

图1-19 喷油正时控制示意图

四、燃油喷射压力控制

启动时的燃油喷射压力由发动机转速、燃油喷射量、冷却液温度计算。正常状态下的燃油喷射压力由发动机转速和燃油喷射量计算。

五、发动机转速控制

最高转速控制：最高转速控制保证发动机不会在超速下运行。为了避免发动机损坏，发动机制造厂规定了仅仅可以在非常短的时间内超过的最高转速。

超过额定功率工作点时，最高转速调速器持续减小喷射的燃油量，直到在燃油喷射完全停止时刚好在最高转速点之上。为了防止发动机喘振，引导功能用于保证燃油喷射不会突然急剧减小。正常工作点与最高发动机转速点越接近，其实现越困难。

中间转速控制：中间转速控制用于带有功率取力（例如起重机）的商用汽车和轻型货车或特殊车辆（例如具有发电设备的救护车）。具有这种操作控制的车辆，发动机被调节到与负荷无关的中间转速。

六、巡航控制

巡航控制允许车辆以一个恒速行驶，它控制车辆按驾驶员选择的车速行驶。驾驶员通过操纵一个手柄或按压方向盘的按钮设定到需要的车速后，不需要再踩下加速踏板，通过喷射的燃油量增加或减少直至汽车达到设定的速度。

七、主动喘振衰减

发动机扭矩的突然变化冲击车辆的传动机构，结果引起振动。这些振动周期性地变化，对汽车传动机构造成损害，并引起了操纵人员或乘坐人员的不适。主动喘振衰减就是用于减小在加速过程中出现的这些变化。

八、平稳运转控制

如图1-20所示，在多缸柴油机工作时，即使喷油量控制指令值一致，但由于各缸机械性能的差异，也会引起发动机转速的波动。柴油机电子控制系统通过各缸在做功冲程的转速的变化，自动修正各缸喷油量指令控制值，降低发动机的转速的波动，使发动机平稳运转。

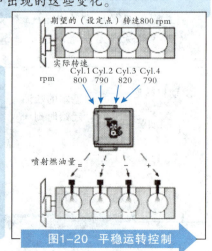

图1-20 平稳运转控制

九、发动机制动功能

当卡车的发动机制动被应用时，喷射的燃油量降为零或降至怠速油量，为了达到这个目的，ECU拾取发动机制动开关位置信号。

十、海拔补偿

随着海拔的升高，大气压力下降，使得气缸填充较少的燃烧空气，这意味着喷油量必须相应地减少，否则将有过量的碳烟生成。为了使喷油量在高海拔时能减少，通过装在ECU上的大气压力传感器测量大气压力，并进行相应的补偿，这就减少了高海拔的喷射燃油量。大气压力对增压压力控制和扭矩限制也将产生影响。

十一、断缸

如果在发动机转速较高时，要求扭矩很小并且喷射的燃油量也非常少。作为替代，断缸可能被用于减小扭矩。这里一半的喷油器被关闭（商用汽车的UIS、UPS、CRS），剩下的喷油器相应喷射较多可以被非常高精确计量的燃油。当喷油器被接通或关闭时，特殊的软件逻辑保证扭矩的变化平稳过渡。

十二、喷油量补偿

对喷油器供油量补偿（IMA）而言，在喷油器生产过程中对每一个喷油器的大量测量参数进行监测，该数据以数据矩阵的形式被黏贴到喷油器上。对内嵌压电喷油器而言，也包括升程响应的数据在内。这个数据在车辆制造时输入ECU中，在发动机运行时用于补偿计量和开关响应的偏离。

十三、平均供油的自适应

实际的喷油量是通过设定点值的偏离来正确适应废气再循环并增压压力，平均供油的自适应（MMA）要求从氧传感器和空气质量传感器接收的信号来确定所有缸供油的平均值，然后通过设定点值和实际值来计算修正值。

柴油机控制系统的功能是很多的，它除了对燃油喷射、燃烧过程进行严格控制外，还对柴油机的涡轮增压、废气再循环和尾气排放等实施管理。

任务四　电控系统的优点

一、改善低温启动性能

　　传统柴油机启动系统预热需要人工操作，而电控柴油机进气预热器由ECU（电控单元）通过一个连接到蓄电池电源上的继电器控制。进气预热器安装在发动机进气道中，其特性通过标定设置，用户不能调整。发动机在低温启动时，由ECU以最佳的程序代替驾驶员的操作，使柴油机低温快捷启动。

二、降低氮氧化物和烟度的排放

　　电控柴油机可根据发动机的转速和负荷精确控制喷油量，使之不超过冒烟界限的范围；与此同时，又可以根据发动机工况调节喷油始点，从而可以降低烟度。在有效减少和抑制颗粒物和氮氧化物（NO_x）生成方面，电控柴油机采用SCR（选择性催化还原）技术，可以降低NO_x的生成量；或采用DPF（微粒捕集器）技术有效地减少颗粒物和降低NO_x排放量。

　　DPF的工作原理是用捕集器过滤废气中的颗粒物，然后通过氧化颗粒物来清洁捕集器使之再生。

三、提高发动机的运转平稳性

　　传统柴油机的机械式调速器的反馈控制响应速度慢，容易导致柴油机在负荷变化时运转速度产生波动。而电控柴油机取消了机械式调速器，改用由传感器、电控单元和执行器组成的电子调速器。电控单元根据各种传感器和开关信号决定怠速转速开始时刻和怠速转速的大小，并决定在该怠速转速下相应的喷油量。电子调速器控制电路响应性好，无论负荷怎样增减，都不会使发动机运转产生波动，从而保证发动机运转平稳。

四、提高发动机的动力性和经济性

传统柴油机燃油的供给装置由柱塞、出油阀、喷油器等组成，由于机械磨损，会使喷油量、喷油正时产生较大的误差。电控柴油机的电控单元能根据各种传感器信号精确计算喷油量和喷油正时，从而可以提高柴油机的动力性和经济性。

五、控制涡轮增压

废气涡轮增压器采用电子控制，目的是既能保证柴油机在低速时有较高的转矩，又能保证柴油机在标定点附近增压压力不至过高，以防止负荷过高而导致的功率下降和涡轮增压器超速。在电控柴油轿车上使用可调增压器，在重型载货汽车上使用连续反馈控制可变喷嘴涡轮增压器，采用电子控制技术可对它们进行精确地控制。

六、电控柴油机适应性广

只要改变电控单元的控制程序和数据，即对电控单元重新标定，一种喷油泵就能广泛应用在各种柴油机上。柴油机的燃油喷射控制可与变速器控制、怠速控制等各种控制系统进行组合，实行集中控制，缩短柴油机电控系统开发周期，并可降低成本，从而扩大柴油机电控系统的应用范围。

课题小结

1. 带电控系统的柴油机与传统柴油机的区别在于燃油供给系统的不同，前者为电子控制式，后者为机械控制式。

2. 电控柴油机技术经历了位置控制、时间控制、时间—压力控制3个阶段。

3. 位置式电控燃油系统主要有直列柱塞泵与转子分配泵这两种控制机构。

4. 时间控制式燃油系统主要有电控转子分配泵喷油系统、电控单体式喷油器系统（电控泵喷嘴系统）、电控单体泵系统。

5. 柴油发动机电控系统主要的功能有：喷油量控制、怠速控制、喷油正时控制、燃油喷射压力控制、发动机转速控制、巡航控制、主动喘振衰减、平稳运行控制、发动机制动、海拔补偿、断缸、喷油量补偿、平均供油自适应。

6. 柴油发动机电控系统的优点：改善低温启动性、降低氮氧化物和烟度的排放、提高发动机的运转平稳性、提高发动机的动力性和经济性、控制涡轮增压、电控柴油机适应性更加广泛。

 思考与练习

一、填空题

1. 电控柴油发动机与传统柴油机的主要区别在_____。

2. 柴油机电子控制技术经历了_____、_____、_____三代。

3. 柴油机电控燃油系统的分类有：_____、_____、_____、_____。

4. 第一代位置控制式电控燃油系统，主要有_____、_____两种类型。

二、选择题

1. 电控柴油机与传统柴油机的主要区别在于（　　）。

　　A. 进气系统　　　B. 燃油供给系统　　　C. 排气系统　　　D. 启动系统

2. 时间控制式电控燃油喷射系统的分类中，以下（　　）不属于此类。

　　A. 电控转子分配泵喷油系统　　　　　　B. 电控单体式喷油器系统

　　C. 电控单体泵系统　　　　　　　　　　D. 高压共轨系统

三、简答题

1. 简述电控柴油机的发展历程。

2. 讲讲柴油机电控系统主要有哪些类型？

3. 压力控制式高压共轨燃油喷射系统的组成与原理是怎样的？

4. 简述柴油机电控系统的功能和优点。

课题二 柴油机电控系统的工作部件

● [学习任务]

1. 熟悉电控柴油发动机各传感器的特性与原理。
2. 熟悉电控柴油发动机ECU部件的结构、特性与工作原理。
3. 熟悉电控柴油发动机执行器的特性与工作原理。

● [技能要求]

1. 了解柴油电控系统各传感器的位置，掌握其检测方法。
2. 了解柴油电控系统ECU的电路结构，掌握主要信号的检测方法。
3. 了解柴油电控系统各执行器的位置，掌握其检测方法。

任务一 传感器

传感器是用于感知和检测发动机及车辆运行状态的感测元件和装置，在柴油机电控系统中常用的传感器有压力传感器、温度传感器、位置传感器和转速传感器等。另外，在电控系统中还有专门的开关传感器，用于检测空调、挡位、制动、离合器等开关量的状态信息。这些传感器信号中，有的是模拟信号，有的是数字脉冲信号，如压力、温度传感器信号属于模拟信号，霍尔传感器信号属于数字脉冲信号，开关状态信号属于数字信号。所有的传感器信号最终输送到ECU，作为发动机控制的基本依据。

一、曲轴位置传感器

曲轴位置传感器通常为磁电式传感器，如图2-1所示，它安装于发动机后端飞轮上方，与飞轮上的58x齿圈共同工作。飞轮转动时，58x的齿顶和齿槽以不同的距离通过传感器，传感器感应到磁阻的变化，这个交变的磁阻，产生了交变的输出信号，如图2-2所示。ECU利用此信号确定曲轴的转速、旋转角度和加速度，结合凸轮轴传感器正时凸轮，可确定一缸上止点位置。

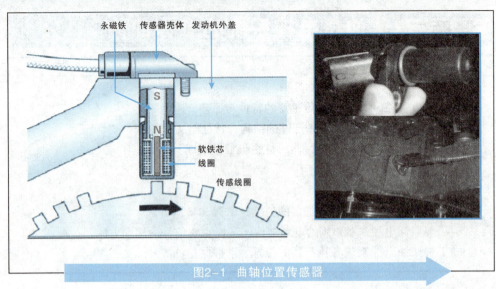

永磁铁　传感器壳体　发动机外盖

S

N

软铁芯
线圈

传感线圈

图2-1　曲轴位置传感器

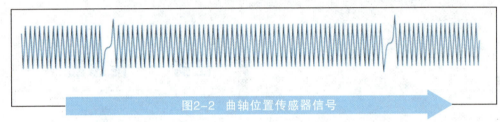

图2-2　曲轴位置传感器信号

◎检测曲轴位置传感器的方法是：

测量传感器电阻值为770～950 Ω；

测量传感器输出电压时，显示随转速变化的交流电压；

用示波器判断信号完整性（指信号触发装置的损坏造成信号残缺）。

二、凸轮轴位置传感器

　　凸轮轴位置传感器分为霍尔效应式和与曲轴位置传感器相同的电磁感应式传感器，如图2-3所示，它安装在高压油泵上，用于检测高压油泵驱动轴（凸轮轴）上信号盘的位置。信号盘对应着发动机的特定位置，信号盘的凸齿数比汽缸数多一个，因此传感器的信号数也比汽缸数多一个（汽缸数+1）。ECU通过该传感器测得数字电压信号确定发动机工作的汽缸，并实施喷油控制。

　　电磁式凸轮轴位置传感器的检测方法与曲轴位置传感器的相同，有3根线，其中一根为屏蔽线，用于抗干扰。

　　霍尔式凸轮轴位置传感器虽然也是3根线，其中一根为+5V参考电源、另一根为信号+、还有一根是信号参考地线。

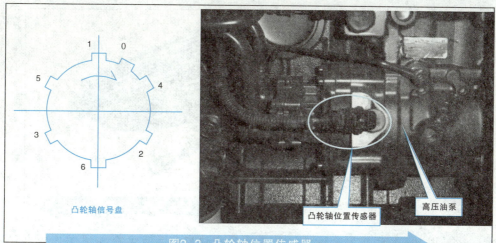

凸轮轴信号盘

凸轮轴位置传感器   高压油泵

图2-3 凸轮轴位置传感器

　　为了方便理解，通常把霍尔元件当成一个电子开关。ECU根据收到的数字脉冲信号电压值的高低状态来判断信号所表示的内容。通过电压情况可以判断其信号的输出情况，但因该信号不只是要判断凸轮是否运转，还要判断信号的相位关系，所以判断凸轮轴信号与曲轴信号的相对相位关系也是很重要的。凸轮轴位置传感器信号（G信号）与曲轴位置传感器信号（NE信号）的对应关系如图2-4所示，凸轮轴位置传感器信号波形中多出的一个数字脉冲为发动机ECU确定一缸上止点的辅助信号。

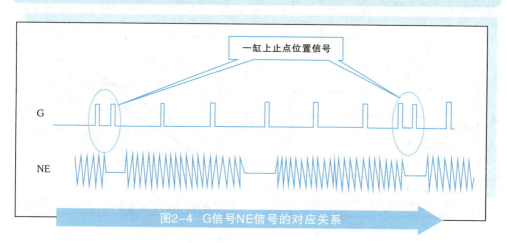

一缸上止点位置信号

G

NE

图2-4 G信号NE信号的对应关系

三、加速踏板位置传感器

　　加速踏板位置传感器用于检测驾驶员踩下油门的深度位置，它具有冗余设计的电位计线性结构，安装在驾驶室内，其滑动端子由加速踏板轴带动，如图2-5所示。

加速踏板的位置不同时，该传感器所反应给ECU的电阻信号也不同，系统根据它输出的电压信号值及其变化速率判定发动机的实时负载和动态变化状况；ECU依据该信号来确定扭矩控制（油量控制）、怠速控制（高、低怠速）、减速断油控制、跛行回家控制等。

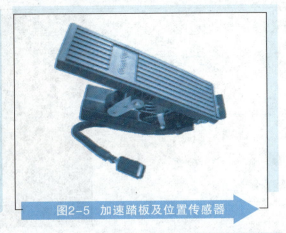

图2-5　加速踏板及位置传感器

如图2-6所示，加速踏板位置传感器元件内部具有两个相同线性的电位计，它的电路连接如图所示，接线端子如下：1—+5V、2—+5V、3—传感器1接地、4—信号1+、5—传感器2接地、6—信号2+。

◎ **检测方法是：**

检测传感器的信号输出电阻，由于是滑动电位计，因此电阻值的输出是连续变化的。如踩下加速踏板检测时电阻值有突然跳动现象，则说明该传感器有故障。

检测传感器的输出电压，其电压变化应如线性图2-7所示，信号端子电压值的输出也是连续变化的。

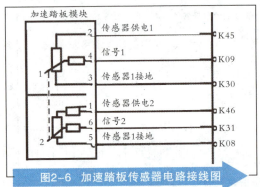

图2-6　加速踏板传感器电路接线图

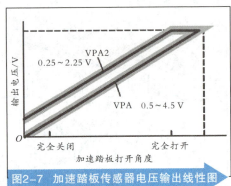

图2-7　加速踏板传感器电压输出线性图

四、进气压力及温度传感器

进气压力及温度传感器是将进气压力传感器与进气温度传感器组合在一起，安装在进气管上，如图2-8所示，用于测量处于0.5~3 bar[①]之间的进气管绝对压力和进气温度。

———————————

① 1 bar=1 atm=1.01×10^5Pa

压力传感器由一个密封的弹性硅芯片和相应的桥式电路组成，是一个半导体压敏电阻式压力传感器。一个标准的5 V电压施加在电桥的一端，当压力的变化致使硅芯片变形时，阻值随之变化，电桥的另一端产生与输入压力成正比的0~5 V输出信号。ECU根据该信号计算进气量、限制冒烟、增压器保护、进气温度过热保护、高原补偿。

图2-8 进气压力及温度传感器

进气温度传感器是一个有着负温度系数的热敏电阻，其使用范围为-30 ℃~150 ℃。它的工作原理是把温度信号转化为电压信号，温度升高，电压减小，二者之间为反比非线性关系。然后将电压信号送给ECU，由其进行相关比较、运算后控制执行器的动作。进气温度传感器主要用于测量进气管中的进气温度，从而进一步精确控制燃油喷射量。

进气压力及温度传感器的电路接线图如图2-9所示。

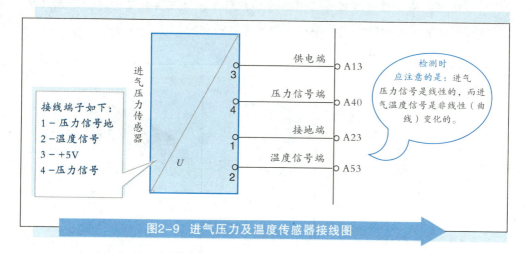

图2-9 进气压力及温度传感器接线图

五、油轨压力传感器

油轨压力传感器的作用是实时测定共轨管中的实际压力信号，把轨道内的燃油压力转换成电压信号传递给ECU，由ECU对压力控制阀（PCV）或者是进油计量阀实施反馈控制，通过对供油量的增减来调节油压使其稳定在目标值。

油轨压力传感器的外形及结构如图2-10所示，压力传感器安装在共轨管上，由一个密封的弹性硅芯片和相应的桥式电路组成，一个标准的5 V电压施加在电桥的一端；当压力的变化致使硅芯片变形时，阻值随之变化，电桥的另一端输出与油轨压力成正比的0~5 V信号。

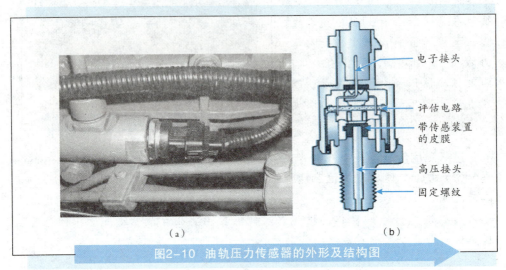

图2-10 油轨压力传感器的外形及结构图

（a）实物图；（b）结构图

油轨压力传感器接线及特性图如图2-11所示，检测共轨压力时，通常只能通过诊断仪来读取油轨高压数据，它的输出特性与油轨压力成正比。

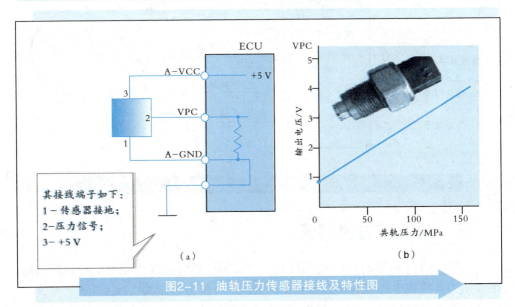

图2-11 油轨压力传感器接线及特性图

（a）接线图；（b）特性曲线

六、冷却液温度传感器

冷却液温度传感器主要用于测量发动机冷却液的温度，或者说是检测发动机的工作温度，从而进一步精确控制燃油喷射量。ECU将根据不同的温度，为发动机提供最佳的控制方案。

冷却液温度传感器的外形及结构图如图2-12所示，它安装在发动机的出水口处，它其实就是一个有着高灵敏度负温度系数的热敏电阻（NTC），电阻阻值随温度下降而增大。冷却液温度传感器把温度信号转化为电压信号，温度升高，电压减小，二者之间为反比非线性关系，然后将其发送给ECU。

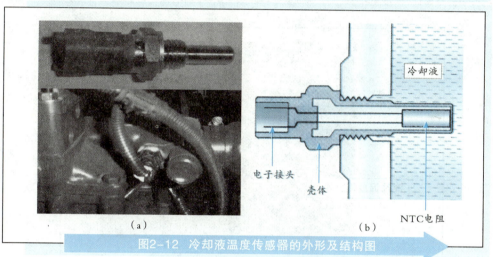

图2-12 冷却液温度传感器的外形及结构图
（a）实物图；（b）结构图

冷却液温度传感器的接线图和特性曲线图如图2-13所示，传感器有两根线，一根连接至ECU内部一个加有5V电压的上拉电阻，另一根为传感器接地。它的冷却液温度测量范围为-40 ℃~130 ℃。

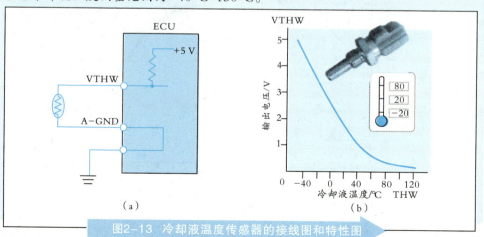

图2-13 冷却液温度传感器的接线图和特性图
（a）接线图；（b）特性曲线

七、燃油温度传感器

如图2-14所示，燃油温度传感器安装在气缸盖回油处，主要用来测定回流的燃油温度。同冷却液温度传感器一样，它也是一个负温度系数的热敏电阻，其测量范围为-40 ℃～130 ℃。

燃油温度传感器把温度信号转化为电压信号，当燃油温度升高时，输出电压减小，二者之间为反比非线性关系，然后将电压信号送给ECU，由其进行相关比较，运算后控制执行器的动作。燃油温度传感器的接线和特性图如图2-15所示。

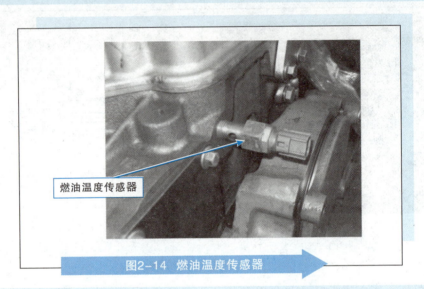

图2-14 燃油温度传感器

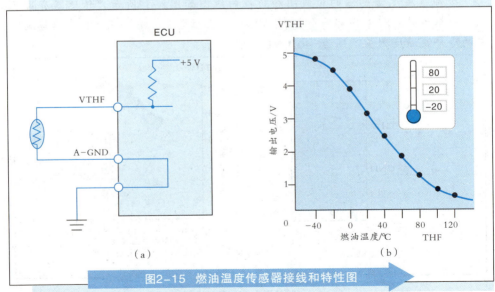

图2-15 燃油温度传感器接线和特性图

（a）接线图；（b）特性曲线

八、机油压力和温度传感器

如图2-16所示，机油压力和温度传感器安装在机油滤清器附近的机油输送通道上。其结构和工作原理与进气压力和温度传感器一样，它既测量发动机机油的压力，又测量机油的温度，然后将这些信息转换成电压信号发送给ECU。机油压力和温度信号用于喷漉的修正和发动机的保护，机油压力过低时，禁止发动机继续运转。

图2-16 燃油温度传感器

九、车速传感器

如图2-17所示，车速传感器安装在变速器输出轴上，它向ECU提供车速信号。减速断油功能、巡航控制和最高车速限制功能都以该信号为判断依据。根据ECU传感器输入接口的类型，该传感器可能是霍尔效应式，也可能是磁电感应式，但一般车上普遍采用磁电感应式车速传感器。

图2-17 车速传感器

十、离合器开关

如图2-18所示，离合器开关安装在离合器踏板上方，当驾驶员踩下离合器踏板时，离合器开关闭合。于是，由ECU提供的高电位接地，电位被拉低，变成低电位，ECU便检测到该数字信号的变化。ECU主要利用离合器开关为车辆巡航控制提供信号。

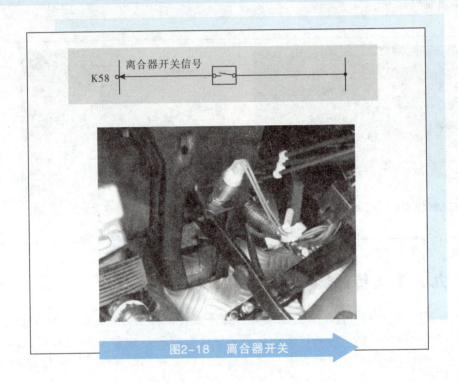

图2-18　离合器开关

十一、制动开关

如图2-19所示，制动开关安装在制动踏板上方，主要为车辆巡航控制系统

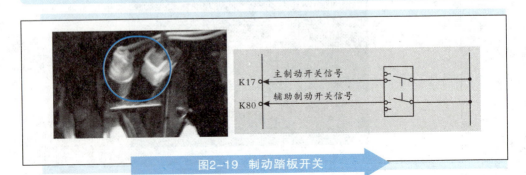

图2-19　制动踏板开关

和发动机转速控制系统提供制动信号。例如，当汽车的巡航控制系统启动，汽车正在以一设定速度行驶时，驾驶员踏下制动踏板，制动开关闭合，ECU检测到制动信号，将取消汽车的巡航控制。

十二、A/C请求开关

A/C请求开关，也称空调开关，是驾驶员要求进行空调工作的输入信号，用于控制A/C继电器工作，同时控制发动机提升转速。如图2-20所示，A/C请求开关位于空调控制面板上，当开关被按下时，ECU输出的高电位接地，ECU便检测到空调开关的请求信号，于是将提升发动机的怠速转速。

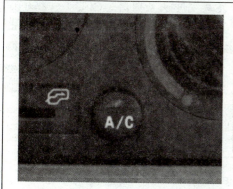
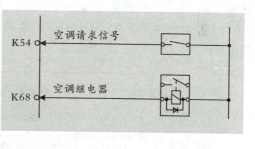

图2-20　A/C请求开关

任务二 ECU电子控制单元

一、ECU电子控制单元的结构

　　电子控制单元（ECU）是一个单片微型计算机（Single Chip Microcomputer），简称单片机。它的结构组成如图2-21所示，它是将中央处理器（CPU）、程序存储器（FLASH）、数据存储器（RAM）、定时器/计数器，以及输入/输出（I/O）接口电路等主要计算机部件，集成在一块电路芯片上所形成的芯片级的微型计算机。

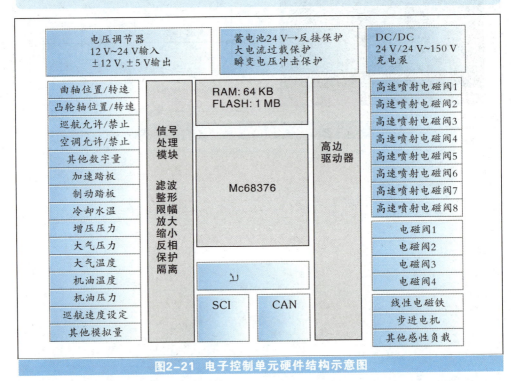

图2-21　电子控制单元硬件结构示意图

　　图2-22为BOSCH和DENSO共轨柴油机的电子控制单元，它们一般安装在发动机上，充当整个柴油机电控系统的"计算机与控制中心"，它是电控系统的"大

"脑"，是整个电控系统的核心。它承担整个电控系统的信号采集与处理、数据运算与分析、控制策略的实现、控制指令的产生、数据的通信与交换等功能。

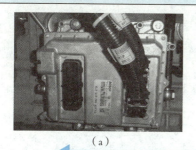

（a）   （b）

图2-22 柴油机电子控制单元

（a）BOSCH共轨柴油机ECU；（b）DENSO共轨柴油机ECU

二、ECU电子控制单元的功能

　　ECU通过各种传感器和开关，可以感知驾驶者的要求（由油门踏板位置确定）以及发动机和整车的瞬时运行状况。根据这些输入的数据和已存的特性图谱，微处理器可以计算出喷油的持续时间和开启点，并将其转化成时间信号曲线对发动机的运行进行干预。喷油量、喷射起点、喷射持续时间和喷射压力由ECU计算出来，借助输出信号触发驱动级，驱动级提供适当的功率给执行元件，用于控制共轨压力、喷油器元件。此外还有其他控制功能如空调的开启、电热塞的启动等。ECU的主要功能如图2-23所示，其他功能如图2-24所示。

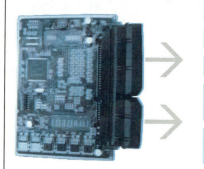

喷油方式控制——多次喷射（现用的为主喷射和预喷射两次）。

喷油量控制——预喷射量自学习控制、减速断油控制。

喷油正时控制——主喷正时、预喷正时、正时补偿。

轨压控制——正常和快速轨压控制、轨压建立、喷油器泄压控制、轨压跛行回家控制。

扭矩控制——瞬态扭矩、加速扭矩、低速扭矩补偿、最大扭矩控制、瞬态冒烟控制、增压器保护控制。

过热保护、各缸平衡控制、EGR控制、VGT控制、辅助启动控制（电机和预热塞）、系统状态管理、电源管理、故障诊断。

图2-23 ECU的主要功能

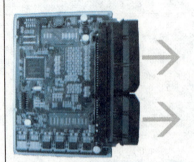

挡位计算——根据车速和发动机转速计算挡位（有车速传感器）用于挂挡怠速控制，改善驾驶性。

车速计算及输出——供仪表和最高车速限制使用。

怠速和驱动怠速控制。

空调控制——根据空调负载调节发动机怠速转速、根据车辆对动力性的需求和发动机的工作状况对空调压缩机进行开/关控制。

故障诊断——在线诊断并存储/输出故障码，具有跛行回家功能。

CAN通信——整车其他控制器和仪表之间的通信。

离合器开关——改善驾驶舒适性。

制动开关——用于判断油门合理性。

图2-24 ECU的其他功能

任务三 执行器

执行器是受ECU控制，具体执行某项功能的装置。一般是由ECU控制执行器电磁线圈的搭铁回路，如电控直列泵和分配泵中的线性电磁铁，电控单体泵和泵喷嘴中的电磁阀，电控共轨系统中的PCV阀和喷油器电磁阀，也有的是由ECU控制的某些电子电路。

在柴油机电子控制系统中，执行器主要有：齿杆或油量控制套筒驱动执行器、预行程控制套筒驱动执行器、正时活塞行程驱动执行器、油量控制电磁阀、废气再循环控制电磁阀、增压控制电磁阀、冷启动预热塞继电器、空调压缩机继电器、冷却风扇继电器、冷却液加热装置继电器、进气阀板继电器、自诊断显示与报警装置、仪表显示器等。

图2-25为电控柴油机的预热控制系统，发动机冷启动时，ECU发出预热控制信号，使预热塞控制继电器工作，接通预热塞的供电电路，同时点亮预热指示灯。

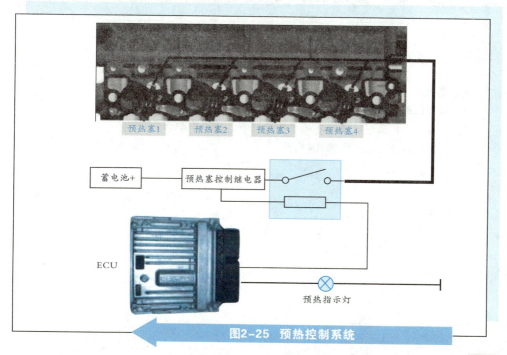

图2-25 预热控制系统

课题小结

1. 传感器是用于感知和检测发动机及车辆运行状态的感测元件和装置。

2. 曲轴位置传感器通常安装在发动机后端飞轮上方，为磁电式传感器。

3. 凸轮轴位置传感器安装于高压油泵上，分为霍尔效应式或电磁感应式传感器两种。

4. 进气压力与温度传感器合为一体，安装在进气管上，压力传感器由密封的弹性硅芯片与相应桥式电路组成，进气温度是一个有着负温度系数的热敏电阻。

5. 油轨压力传感器安装在共轨管上，由一个密封的弹性硅芯片和相应的桥式电路组成。

6. 冷却温度传感器安装于发动机出水口处，是一个高灵敏负温度系数的热敏电阻。

7. 燃油温度传感器安装在汽缸盖回油处，是一个负温度系统的热敏电阻。

8. 机油压力和温度传感器安装在机油滤清器附近的机油输送通道上。

9. 车速传感器安装在变速器输出轴上，向ECU提供车速信号。

10. ECU即电子控制单元，由中央处理器、程序存储器、数据存储器、定时器/计数器及输入/输出接口电路等组成。

11. 执行器是受ECU的控制，具体执行某项功能的装置。

思考与练习

一、填空题

1. 在柴油机电控系统中常用的传感器有_____、_____、_____ _____、_____、_____、_____。

2. 冷却液温度传感器与进气温度传感器都是_____的热敏电阻。

二、简答题

1. 柴油机电控系统中传感器的作用是什么，常见有哪些？

2. 柴油机电控系统中执行器的作用是什么，常见有哪些？

3. 电子控制单元ECU由哪几部分组成？

课题三 直列柱塞泵与电控分配泵

● [学习任务]

1. 了解和掌握直列柱塞泵系统的结构与组成。
2. 掌握直列柱塞泵系统的工作原理。
3. 了解和掌握电控分配泵的结构与组成。
4. 掌握电控分配泵的工作原理。

● [技能要求]

1. 掌握直列柱塞泵系统的构造特点。
2. 掌握直列柱塞泵系统的拆装方法。
3. 掌握直列柱塞泵系统故障的检测与维修。
4. 掌握电控分配泵系统的构造特点。
5. 掌握电控分配泵系统的拆装方法。
6. 掌握电控分配泵系统故障的检测与维修。

任务一 直列柱塞泵组成与原理

一、柱塞喷油泵的结构

传统的柱塞式喷油泵如图3-1所示，它的泵油主要是由两对精密配合的喷油偶件来完成的，一对是柱塞偶件，由柱塞和柱塞套组成；另一对是出油阀和出油阀座。其中，柱塞上加工有斜槽，斜槽与柱塞套筒上的泄油口的相对位置决定了喷油量大小。

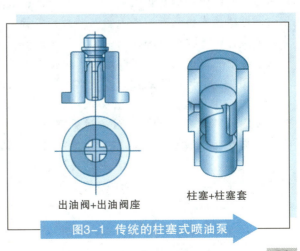

出油阀+出油阀座　　柱塞+柱塞套

图3-1 传统的柱塞式喷油泵

柱塞偶件的泵油过程中，喷油量的调节控制原理是：

　　柱塞与齿圈连接在一起由齿条带动，而柱塞套是固定的，不能转动。当齿条的位置向右移动时，齿圈转过的角度也加大，于是柱塞上的斜槽与出油阀之间的柱塞行程加大，即有效的喷油高度增大，喷油量也就增多，如图3-2所示。

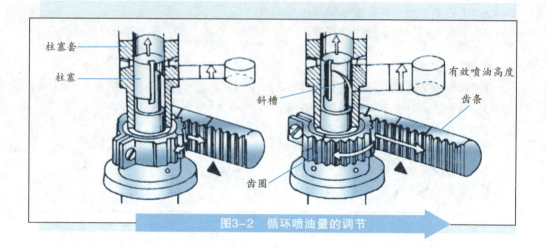

柱塞套

柱塞

斜槽

齿圈

有效喷油高度

齿条

图3-2　循环喷油量的调节

二、电控直列泵的原理

　　最早的柴油和电控燃油喷射系统就是以直列柱塞式喷油泵为基础改造的，在直列泵上实行位置电子控制就是取消传统的机械调速器，将齿条的控制改由一个电子执行器来控制。执行器既有旋转式电机，也有直线运动式电机。图3-3所示采用的是直线运动的线性电磁铁作为执行器，直接安装在传统的机械调速器的壳体内，电磁铁直接驱动齿条左右移动来调节柱塞的旋转角度。柴油机控制单元对直列泵实行电子控制时还得知道发动机的转速，为了检测发动机的工作转速，在油泵凸轮轴的自由端安装了测速齿盘和转速传感器。

　　在图3-3所示的位置控制式电控柴油喷射系统中，线性电磁铁决定了齿条的位置，而由于存在弹簧预紧力及执行器本身因素的影响，在相同的驱动电压下，相同的驱动电流对应的齿条位置可能有所不同。采用线性电磁铁作为执行器时，需要齿条位置的反馈信息才能知道当前齿条的准确位置，这对于车用发动机来说是必需的，而在有些电站用的柴油机上可以例外。因为发电机要输出稳定的功率，其动力源的转速必须是固定的；柴油喷射电子控制系统将发动机转速作为闭环控制信号，因而不要求精确控制齿条的位置。

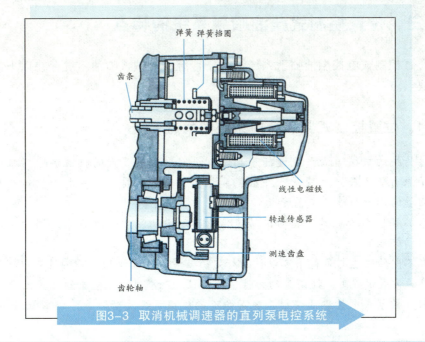

图3-3 取消机械调速器的直列泵电控系统

在上述的喷油控制原理中，柱塞套是固定的，只有柱塞转动。如果主动改变柱塞套上下方向的位置，那么不仅喷油量的大小可以灵活控制，而且喷油始点和喷油终点也可以灵活控制，从而为改善发动机的整机性能提供了广阔的空间。如图3-4所示，滑套控制杆上下运动，带动控制滑套上下运动，从而改变供油始点和终点。与此同时，控制齿条仍可以控制柱塞相对滑套的转动，从而实现对负荷的调节功能。

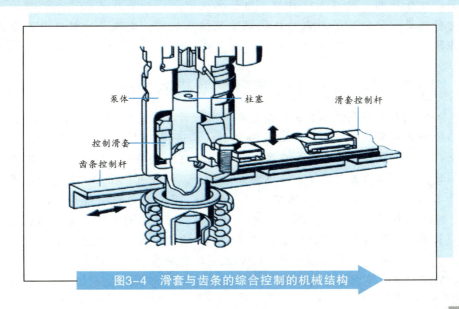

图3-4 滑套与齿条的综合控制的机械结构

三、位置控制式柴油喷射系统的特点

位置控制式电控燃油喷射系统相对于传统的机械式喷油系统存在以下的优点与缺点。

 1. 位置控制式柴油喷射系统的优点

对传统的机械喷油系统进行了局部改进，取消了复杂的机械调速器机构，保留了原有的高压产生装置，即柱塞和柱塞套、分配转子，用电子执行器来完成喷油量的调节与喷油提前角的控制。

增加了位置传感器、发动机转速传感器和燃油温度传感器等，用于实现对油泵的精确控制。

在不同的转速与负荷下可以灵活标定喷油量，发动机的工作特性可以按照性能最佳的方式来确定，提高了动力性、排放性、经济性以及整车的驾驶性能。

位置控制式电控燃油喷射系统对原有的机械系统改动简单，成本低廉。

 2. 位置控制式柴油喷射系统的缺点

第一代电控燃油喷射系统的喷射压力相对原来系统没有提高，因而对发动机的排放性能改善有限。

第一代电控燃油喷射系统的机械结构仍旧较为复杂。

由于第一代位置控制式电控燃油喷射系统只是对原来的机械调速器的位置实行电子控制，所以又被称为"电子调速器"。如果只是在现成的喷油泵上进行改进，就保留了原来的机械调速及操纵机构，变成了一种机电混合式调速器。

四、时间控制式直列泵喷射系统的原理

PPVI式电控燃油喷射系统喷射过程的相位计算必需要有一个相位基准，现在凸轮轴末端安装了一个指示凸轮轴相位的转速传感器。如图3-5所示，当柱塞上行时，如果电磁阀通电，则高低压之间的连通被隔断，高压建立，燃油经过高压油管自喷油器中喷出。当电磁阀断电后，电磁阀杆在回位弹簧的作用下打开密封端面，接通了高压油路和低压油路，燃油经电磁阀密封锥面迅速泄压，喷射过程随之结束。电磁阀通电开始时刻决定了喷射定时，电磁阀通电时间的长短决定了喷射脉宽，即决定了发动机的喷油量大小。与分配泵上实施时间控制对喷射电磁阀的要求一样，PPVI式电控燃油喷射系统对电磁阀实施的控制在时间响应上要求也很高。

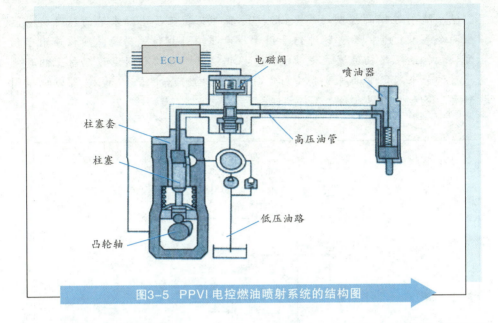

图3-5 PPVI电控燃油喷射系统的结构图

图3-6为电磁阀线圈驱动电路的示意图，场效应晶体管M_0为各缸电磁阀共用的高位驱动器，低位场效应晶体管M_1~M_6为对应各缸电磁阀的选缸驱动器，只有当M_0和M_1~M_6中的一个都导通时，对应缸电磁阀线圈才有电流通过。M_0上的脉宽调制器（PWM）控制信号可以灵活控制线圈电流的大小，其调制频率可达20~25 kHz。从发动机ECU或者信号发生装置输出的0~5 V控制信号A和B经过相位变换后分别控制高位场效应晶体管M_0和低位场效应晶体管M_1~M_6。这种以电流控制电磁阀开启的方式与汽油机喷油器的电压控制是完全不同的。

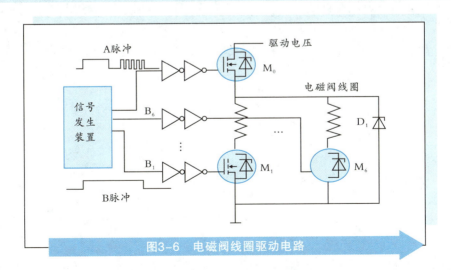

图3-6 电磁阀线圈驱动电路

　　整个喷射过程的控制时序如图3-7所示。安装在凸轮轴末端的转速传感器输出两个基准信号：参考脉冲信号用于指示凸轮轴相位；转角脉冲信号用于指示发动机转速及曲轴位置。发动机ECU根据这两个基准信号和发动机上的其他传感器信号来确定喷油脉宽和喷射定时，发出控制脉冲信号A和B，驱动电磁阀控制喷油量和喷油提前角。

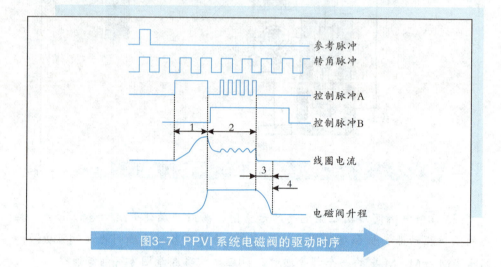

图3-7　PPVI系统电磁阀的驱动时序

任务二　电控分配泵组成与原理

一、电控分配泵

第一代电控柴油喷射系统取消了机械调速器，改由电驱动的执行器来控制油量控制套筒。如图3-8所示，油量控制电机通过控制轴直接控制油量控制套筒的位置，并通过油泵顶部的电机旋转角度传感器来测量油量控制套筒的实际位置，形成位置反馈的闭环控制系统。

为了提高喷油量的控制精度，还加装了燃油温度传感器。系统通过油温信号对喷射量进行微调，减少油温对喷油量的影响。

不管是机械式的燃油分配泵，还是电子控制的位置式分配泵，其喷油量大小都是由油量控制套筒的位置决定的。由图3-8可知，第一代位置控制式的电控系统取消了传统复杂的飞锤—弹簧—杠杆调速系统，利用油量控制套筒的位置信号来实现对油量的灵活控制，发动机在不同工况下的喷油量由电子控制单元根据燃油温度和发动机本身的状况来决定。

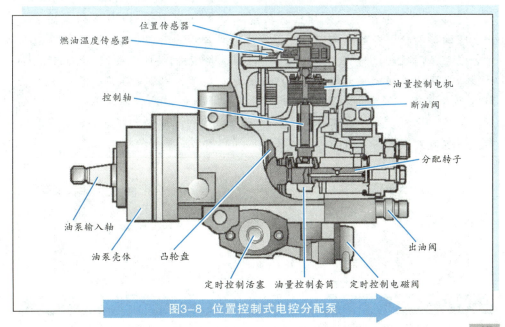

图3-8　位置控制式电控分配泵

二、分配泵的燃油流向

　　分配泵的燃油供给（喷射）如图3-9所示，油箱内的柴油经燃油滤清器过滤后到达分配泵，分配泵内有低压油泵，低压油泵一般采用叶片泵或齿轮泵。燃油被低压油泵加压到1 MPa左右，然后输入到高压油泵体内，高压泵能否进油是由断油电磁阀控制的。断油电磁阀打开后，燃油进入柱塞腔（分配转子），在分配转子的作用下变成高压燃油，且分配到发动机工作缸的喷油器，喷油器完成喷油动作。

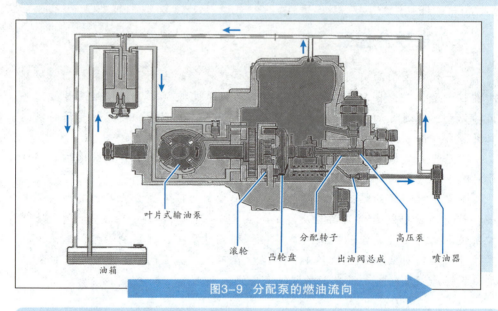

叶片式输油泵
滚轮　凸轮盘　分配转子　出油阀总成　高压泵　喷油器
油箱

图3-9　分配泵的燃油流向

　　喷油器以及分配泵的燃油回流将返回到燃油箱。图3-9所示的燃油流向中，喷油器和分配泵的燃油回流是经滤清器接口后才返回油箱的。如图3-10所示，当燃油温度超过31 ℃时，双金属片膨胀，控制阀关闭，管1和管2相通，即从喷油泵来的燃油全部流回至油箱；如图3-11所示，当燃油温度低于15 ℃时，双金属片收缩，控制阀打开，部分从喷油泵出来的燃油经滤清器后供给喷油泵。这样就避免了燃油温度低时，从喷油泵返回的燃油仍全部流向油箱进行冷却，因而有利于提高燃油温度，使发动机汽缸内形成良好的燃烧状态。

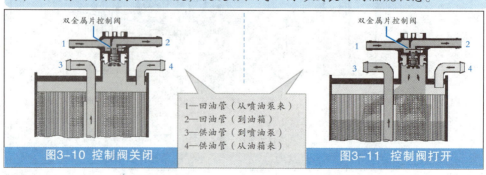

双金属片控制阀　　　　　　　　　　双金属片控制阀
1　　　　　2　　　　　　　　　1　　　　　2
3　　　　　4　　　　　　　　　3　　　　　4

1—回油管（从喷油泵来）
2—回油管（到油箱）
3—供油管（到喷油泵）
4—供油管（从油箱来）

图3-10　控制阀关闭　　　　　　　　图3-11　控制阀打开

三、分配泵的泵油过程

经前面的图文描述可以知道：分配泵泵出的高压燃油是在分配柱塞内形成的。分配转子的作用不仅仅是泵油，还有其他功能也是由它来完成的，整个工作过程如图3-12。

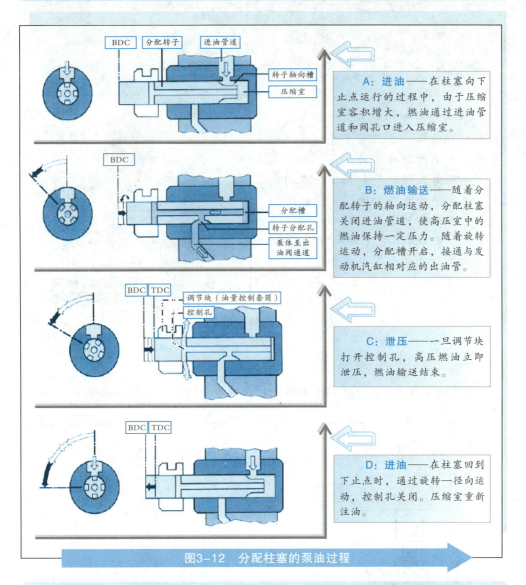

图3-12　分配柱塞的泵油过程

在进油和泵油过程中，分配转子柱塞腔与喷油器高压管路的连通情况分别如图3-13和图3-14所示。只有当燃油切断电磁阀打开时，低压燃油才能经过柱塞腔内的进油孔进入压缩室（柱塞腔）。

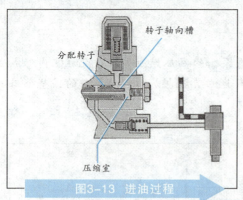

图3-13 进油过程

分配转子
转子轴向槽
压缩室

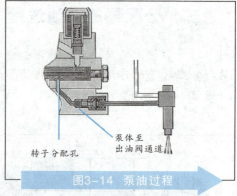

图3-14 泵油过程

转子分配孔
泵体至出油阀通道

燃油切断电磁阀具有停机功能。如图3-15所示，当驾驶员关闭点火开关时，燃油切断电磁阀失电，磁力消失，电磁铁在弹簧的作用下压在阀座上，关闭供油孔，切断了低压燃油进入柱塞压缩室的通道。发动机由于无油供应，喷油器不喷油而停机。

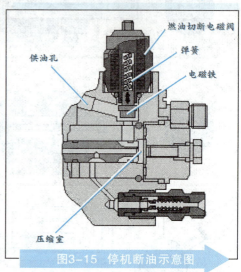

燃油切断电磁阀
供油孔
弹簧
电磁铁
压缩室

图3-15 停机断油示意图

四、喷油量的调节

发动机在不同工况下，油量调节电机对喷油量的控制如图3-16所示。

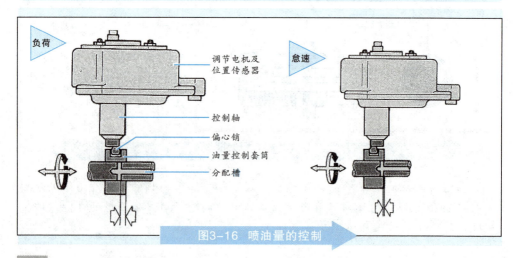

负荷
怠速
调节电机及位置传感器
控制轴
偏心销
油量控制套筒
分配槽

图3-16 喷油量的控制

当柴油发动机处于怠速运转工况时，由于转速较低，负荷小，所需燃油量也就较小，油量调节电机带动控制轴转动，在偏心销的偏心距作用下，使油量控制套筒处于图示的最左位置，由于在此位置时分配槽最早泄压，故喷油量是最小的；当柴油机的负荷较大时，油量调节电机带动控制轴转动，使油量控制套筒向右移动一段距离，由于在此位置时分配槽较晚泄压，因而喷油量较大，发动机转速、输出功率和扭矩增大。

调节活塞位置传感器的位置及结构如图3-17所示，位置传感器位于油量控制电机上部，与燃油温度传感器相邻。该传感器是一个双轨滑动电位计，可以准确测量油量控制轴转过的角度。它将机械位置信号转换成电压信号，发送给发动机控制单元，是发动机喷油量调节的一个反馈信号。

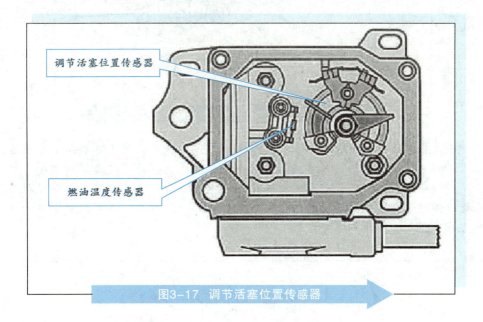

图3-17 调节活塞位置传感器

五、喷油提前角的控制

为了促使发动机在不同的转速和负荷下能平稳有效地工作及改善发动机的排放性能，对图3-18所示的喷油提前角控制机构实施了电子控制，从而达到不同工况下不同定时角度的精确控制。喷油提前控制机构包括滚轮、滚轮架、凸轮盘、传力销、调节活塞。滚轮安装在滚轮架上，凸轮盘由输入轴驱动，而传力销一端与滚轮架相连，另一端与调节活塞相连。活塞的移动将使传力销跟着摆动，于是传力销带动凸轮架相对凸轮盘转动一个角度，从而改变喷油提前角。

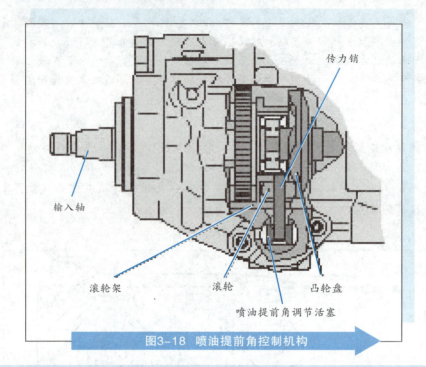

图3-18 喷油提前角控制机构

喷油提前角控制机构的电子调节原理如图3-19所示，利用电磁阀来控制活塞两侧的油压，不同的油压导致弹簧的平衡位置不同，使得定位活塞能够左右移动，带动传力销使凸轮架相对凸轮盘转过一个位置，从而改变压力滚轮与凸轮盘的相对位置。将凸轮盘推动分配转子的泵油动作提前，也就改变了喷油提前角。

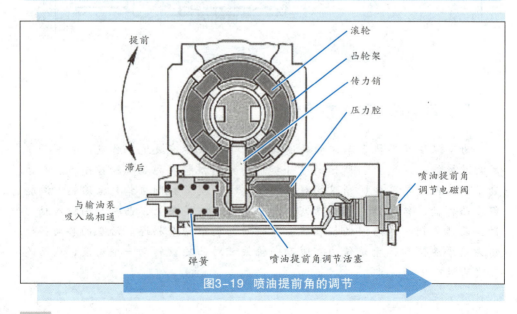

图3-19 喷油提前角的调节

第一代电控柴油喷射系统除了有采用旋转式油量控制电机作为执行器之外，还有采用线性电磁铁作为执行器的电控分配泵。线性电磁铁作直线运动，通过杠杆带动油量控制套筒运动，同时直线位置传感器将油量控制套筒的位置反馈给柴油机控制元件（ECU），这种类型的电控分配泵如图3-20所示。

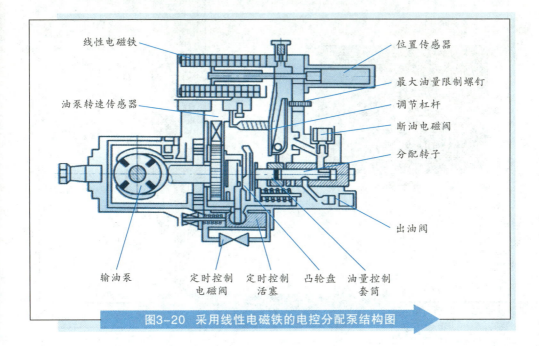

图3-20 采用线性电磁铁的电控分配泵结构图

六、SDI喷油嘴

大众捷达SDI发动机喷油嘴结构如图3-21所示，它主要由弹簧1、弹簧2、喷嘴针阀和阀体组成。喷油器有一个五孔喷嘴，使喷射燃油更好地雾化。喷射行程1和喷射行程2表明，这是一个二级弹簧喷油嘴，燃油喷射通过2步完成。SDI喷油嘴由位置控制式分配泵提供高压燃油，即提供喷射压力，并控制喷油嘴的喷射起始点和喷射持续时间。

SDI喷油嘴的喷射过程如图3-22所示，喷射行程1为预喷射行程，主喷射行程等于喷射行程1与喷射行程2之和。当位置控制式分配泵提供喷射燃油时，燃油进入喷油器，然后通过内部通道进入针阀腔，腔内的燃油压力抬起针阀。由于此时只有弹簧1的弹簧压紧力通过弹簧座1作用在针阀上，因此，针阀克服弹簧1的弹簧力上升一个喷射行程1，完成一个预喷射。随着供油压力的继续升高，针阀继续上升，同时受弹簧1和弹簧2的下压力，高压燃油推动针阀克服两弹簧阻力再上升一个喷射行程2，进行主喷射。分配泵供油压力减小后，主喷射立即停止。

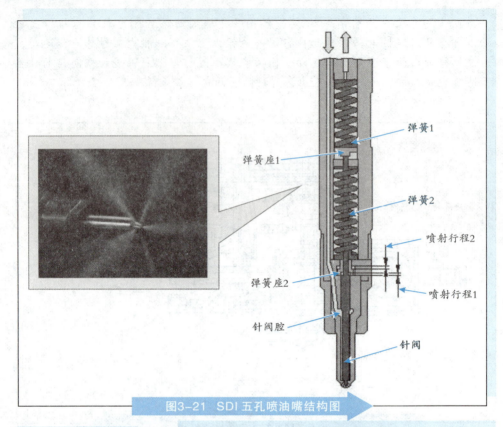

弹簧1

弹簧座1

弹簧2

喷射行程2

弹簧座2

喷射行程1

针阀腔

针阀

图3-21 SDI 五孔喷油嘴结构图

第二代电控柴油喷射系统为时间控制式，根据产生高压的装置的不同，又分为分配泵、直列泵、单体泵和泵喷嘴电控燃油喷射系统。

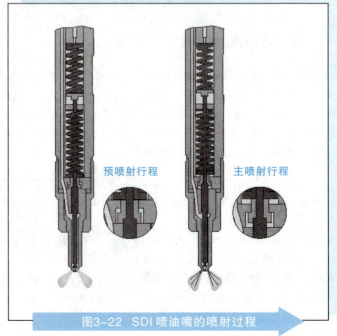

预喷射行程

主喷射行程

图3-22 SDI 喷油嘴的喷射过程

七、轴向柱塞式电控分配泵

　　柱塞分配泵分为轴向柱塞分配泵和径向柱塞分配泵。继第一代位置控制式电控分配泵之后，国外分配泵制造厂商又进一步开发出采用时间控制方法来控制供油量的分配泵，即用一只高速电磁阀直接控制高压油路的通断，根据电磁阀通电时间的长短来确定供油量的大小；根据电磁阀起作用时间的早晚来控制供油提前角。这种控制方法的结构简单，控制自由度大，并可以控制供油速率，实现预喷射等。这种采用时间控制方法来控制供油量的分配泵，称为第二代电控分配泵。例如，德国Bosch公司的电子控制轴向柱塞式分配泵VP30（如图3-23）、日本Zexel公司的Model-1电控分配泵、日本电装公司的ECD—V3电控分配泵和美国Stanadyne公司的DS系列电控分配泵等。

　　德国Bosch公司生产的高速电磁阀控制的VP30轴向柱塞分配泵，其主要特点是综合性能好和预喷射灵活，并且压力得到进一步的提高，泵端压力为80 MPa，而嘴端的喷油压力已可达到1 200 MPa。与上一代的VP37分配泵相比，VP30分配泵嘴端压力提高了38%，可满足欧Ⅲ排放标准的要求，并在整个发动机工作范围内达到较低的噪声水平。

图3-23　轴向柱塞式分配泵VP30

　　图3-24为一种轴向柱塞的时间控制式分配泵的结构示意图，该油泵的柱塞套筒是无法移动的，位置已经被固定，喷射过程由专门的电磁阀来完成。同时为了保证喷射控制的精度，还增加了一个凸轮轴的测速齿环和转速传感器，转速传感器既感知凸轮轴的位置，也测量凸轮轴的转速。相对第一代电控系统而言，该电控分配泵喷射系统主要是增加了高速电磁阀、凸轮轴转速传感器和油泵控制单元，用于燃油喷射的控制。

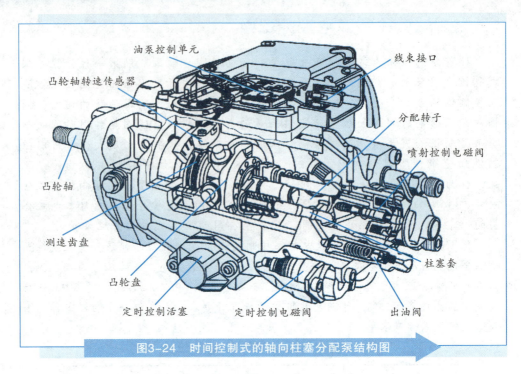

油泵控制单元
线束接口
凸轮轴转速传感器
分配转子
喷射控制电磁阀
凸轮轴
测速齿盘
柱塞套
凸轮盘
定时控制活塞
定时控制电磁阀
出油阀

图3-24　时间控制式的轴向柱塞分配泵结构图

八、径向柱塞式分配泵

随着欧Ⅲ和欧Ⅳ排放标准的实施，要求分配泵的泵端压力提高到100MPa以上，但原有的分配泵机械结构已经不能满足上述要求，因此分配泵的机械结构面临新的变革。虽然德国Bosch公司和英国Lucas公司等制造厂商的分配泵每年产量达数百万台，但他们都放弃了原来大批量生产的传统结构的分配泵，花巨资重新开发第三代电控分配泵。

1996年德国Bosch公司成功地开发出了新型的VP44内凸轮电控分配泵，如图3-25所示，这是一种时间控制式的径向柱塞分配泵。

图3-25　径向柱塞式电控分配泵VP44

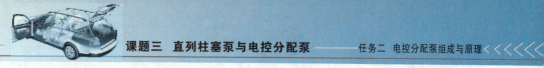
　　它采用内凸轮、径向对置式柱塞供油，分配转子旋转分配的结构；采用高速电磁阀直接控制高压供油量。泵端压力为100 MPa，利用高压油管中形成的压力波效应，可使嘴端的喷油压力达到180 MPa。供油提前角用高速电磁阀控制，并能控制供油速率和预喷射。

　　图3-26为径向柱塞式分配泵的结构示意图，定时控制电磁阀调节定时活塞的压力，活塞为达到受力平衡，左右移动带动凸轮环相对分配转子转动，从而改变喷油提前角。时间控制式分配泵的核心部件是高速强力电磁阀，由径向柱塞或者轴向柱塞产生的燃油从分配转子的高压腔经电磁阀阀杆的密封端口流向低压腔。当电磁阀通电时，电磁阀杆向左移动，关闭密封端口，从而阻断了高压腔和低压腔之间的通道，在柱塞的压缩下油压迅速升高，从分配转子经出油阀送往喷油器。当电磁阀断电时，电磁阀阀杆在弹簧力的作用下，向右移动，打开密封端口，高压腔和低压腔之间被连通，压力立刻释放，喷射结束。电磁阀开始通电的时刻决定了高压压力建立的时刻，也决定了燃油往缸内喷射的开始时刻；电磁阀断电的时刻决定了燃油向缸内喷射结束的时刻；电磁阀通电的持续时间，决定了喷射的持续时间，即喷油量大小。

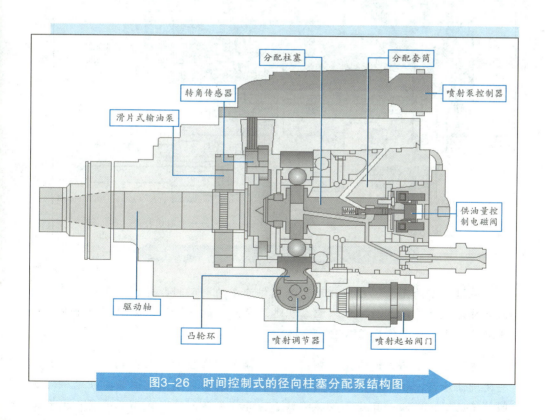

图3-26 时间控制式的径向柱塞分配泵结构图

九、供油量的控制

图3-27和图3-28展示了径向柱塞式电控分配泵高压部分的详细结构。其工作原理如下：

分配泵泵轴分为驱动轴和分配轴两部分，并经传动链或齿形皮带以2∶1的减速比由曲轴驱动。泵轴转动带动一个凸轮环中的两个径向对置式柱塞对向运动实现泵油。在四缸发动机用的分配泵凸轮环上，有4个对称布置的凸轮齿，因此每个柱塞在每转一周中4次抵达凸轮齿上。凸轮环与柱塞之间的滚轮用来减少摩擦。被径向运动的柱塞压缩的燃油流经一个孔和旋转着的分配轴上的一个出油槽，通过分配套和泵头上的连接管道、出油阀和高压油管进入喷油嘴。燃油的计量由一只电磁阀进行，阀针与分配轴合为一体并一同旋转，而带有线圈的磁铁组件是固定不动的。

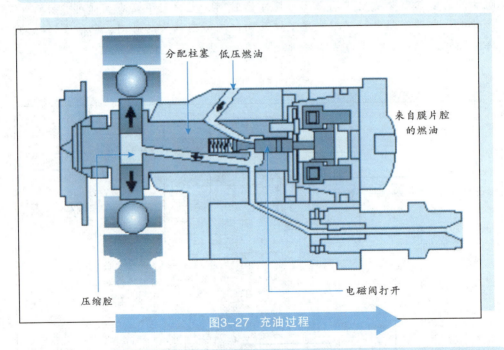

图3-27 充油过程

在图3-27的充油过程中，用于控制供油量的电磁阀打开，由于柱塞泵的柱塞此时是向外扩张运动，压缩腔容积迅速变大，低压燃油从分配泵快速进入到压缩腔，并占有了整个压缩腔。

图3-28为柱塞泵的喷射控制过程，喷油电磁阀在喷射泵控制单元的控制下关闭进油通道，柱塞的径向压缩运动为燃油喷射提供了高压燃油。在电磁阀关闭的情况下，燃油一直处于被压缩状态，并被输送到喷嘴，高压喷嘴产生喷油

动作。在喷射过程中，如果电磁阀打开，则喷射结束。高速强力电磁阀控制了喷油器的喷射起点和终点。

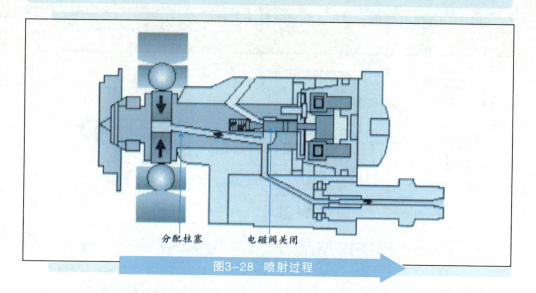

分配柱塞　　　　电磁阀关闭

图3-28　喷射过程

十、喷油定时的控制

随着发动机转速的提高，喷射起始的时间会提前，由定时控制机构来实现此功能。图3-29是该径向分配泵的定时控制机构示意图，由定时控制电磁阀打开或关闭从输油泵至环腔的通道，在低压燃油的压力和弹簧力作用下，定时控制活塞左右移动，带动凸轮环顺时针或逆时针转动一定角度，从而改变喷油提前角。

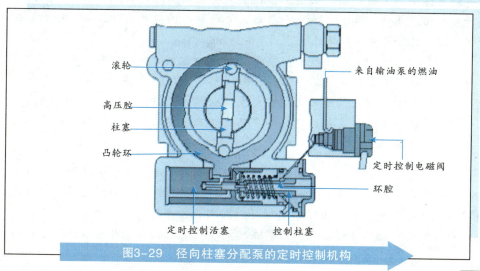

滚轮

高压腔

柱塞

凸轮环

来自输油泵的燃油

定时控制电磁阀

环腔

定时控制活塞　　　控制柱塞

图3-29　径向柱塞分配泵的定时控制机构

十一、喷射控制电磁阀

图3-30是喷射控制电磁阀在电控分配泵上的位置。

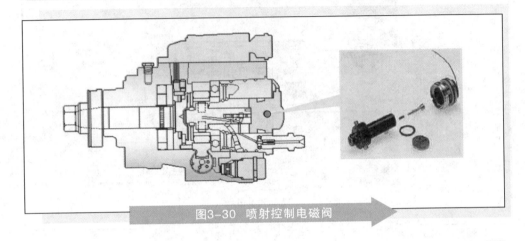

图3-30　喷射控制电磁阀

在时间控制式的电控燃油喷射泵上，对油量控制电磁阀的要求是很高的，这主要是由它的工作环境和工作特点决定的。首先，分配转子上高压腔的压力为100~160 MPa，这么高的喷射压力对电磁阀的密封要求是很高的，而且每个喷射过程，电磁阀都要动作一次，发动机有几个汽缸，在发动机的一个工作循环内，电磁阀就要开关几次。为了保证发动机长时间使用后性能不下降，电磁阀阀杆和阀座的密封面的寿命及可靠性是整个电控喷射系统的关键。

由于是电磁阀控制燃油直接喷到缸内，喷油提前角和脉宽对柴油机动力性、经济性和排放性能影响很大，整个电磁阀的性能参数是时间控制式电控柴油喷射系统中的关键。所以必须严格控制喷射的始点（喷油提前角）和喷射时间对应的曲轴角度。为了满足这个要求，电磁阀的响应必须非常快，目前最快的电磁阀，其动作响应时间已经达到了0.25 ms。

为了实现对喷射定时（喷油提前角）和喷油脉宽的精确控制，必须有指示发动机凸轮轴或曲轴相位的传感器。在图3-31中，凸轮驱动轴上安装了专门指示相位的信号齿盘以及转速传感器（角度编码器），齿盘上还有齿缺，缺齿对应曲轴相位的位置是固定的，这样单片机能够主动检测到齿缺并进一步确定喷油提前角和喷油脉宽。

由于定时活塞的作用，凸轮轴型线的相位相对于测速齿盘齿缺的相位可以在一定范围内变化，从而实现较大范围的定时控制，这个燃油喷射时序的特点用图3-32来表示更直观。由图3-32可知，在测速齿盘转过某一角度，电磁阀关闭时，凸轮的有效行程使高压腔内建立起高压，电磁阀阀杆升起喷油。凸轮的

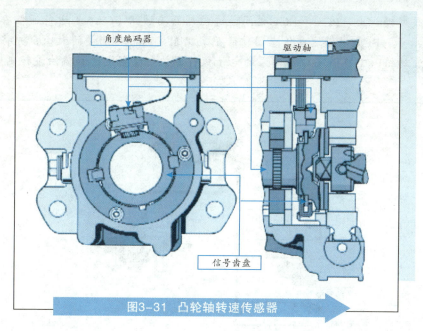

图3-31 凸轮轴转速传感器

泵油曲线在转速传感器拾取的波形图时序内是可以调节的，从而改变喷射提前角。

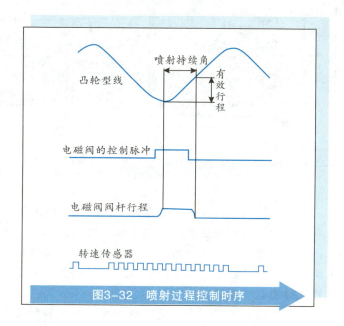

图3-32 喷射过程控制时序

十二、油泵控制单元

　　由前面相关图可以看出，在油泵的顶部有一个油泵控制单元（PCU），而PCU是由发动机控制单元（ECU）控制的。PCU和ECU的内部都是一个以单片机为核心的模块，PCU直接安装在喷油泵顶部，而ECU则一般是安装在发动机

附近或发动机上。PCU和ECU之间通过控制器局域网（CAN）进行通信。如图3-33所示，ECU根据这些传感器信号确定喷射定时和喷油量的大小，并将这些信息发送给PCU，PCU驱动油泵的电子执行器执行喷射定时和喷油量控制。

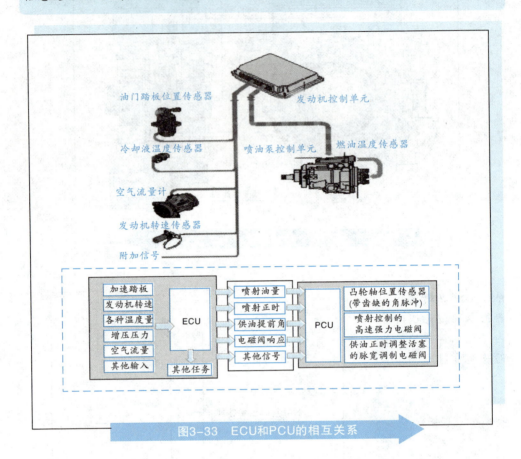

图3-33　ECU和PCU的相互关系

　　在时间控制式的燃油喷射系统中，PCU和ECU的分开便于发动机和燃油喷射系统的独立研发和生产。一般来讲，电控分配泵（喷油泵）和发动机是不在同一家工厂生产的，只要两者都有标准的CAN协议接口，电控分配泵就可以与不同型号的发动机匹配，喷油泵PCU不用调整，只需调整ECU内部存储器上存储的MAP图就可以了。

　　两个喷油泵之间，由于喷射电磁阀在加工和制造上的误差，在相同转速、喷油脉宽和喷射定时条件下喷油量并不完全相同，可以在生产时单独标出每个喷射泵的喷油脉宽应对喷油量的速度特性。这样，同一台发动机可以任意换装其他的喷油泵也不会对发动机性能产生较大的影响。因此，PCU和ECU的独立制造便于同型号喷油泵之间的参数进行一致性调整。

十三、时间控制式直列泵喷射系统的结构

在传统直列泵上除了实施位置式电控系统外，还可以实施时间控制式的电控系统。如图3-34所示，将原来与直列泵相连的机械调速器（调速齿条、齿轮等）取消，在直列喷油泵出油阀和喷油器之间的高压油管路上，安装一个三通电磁阀，得到了简称为泵—管—阀—嘴（PPVI）式电控燃油喷射系统。同传统的泵—管—嘴的机械式喷油系统相比，发动机各缸都对应安装了一个控制喷射过程的电磁阀。因此，不再需要传统柱塞上的斜槽来控制喷油量，无斜槽柱塞泵的功能只是建立高压，不再具有喷油调节的功能，真正的喷油控制由电磁阀来完成。

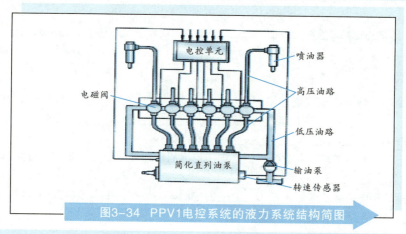

图3-34 PPV1电控系统的液力系统结构简图

PPVI式电控燃油喷射系统电磁阀的基本结构如图3-35所示，该电磁阀采用了多极式电磁铁结构，以使电磁铁在单位面积内产生最大的电磁力；衔铁与电磁铁之间的间隙很小，这是因为在相同通电电流下，两者之间的间距很小时，产生的电磁力可以达到较大值，同时满足电磁阀快速打开和关闭的升程变化要求。电磁阀线圈的匝数、电磁铁与衔铁的正对面积、衔铁的厚度、回位弹簧的刚度和预紧力以及电磁阀密封锥角的角度等都要经过仔细优化设计，以提高电磁阀执行器的喷射控制精度。

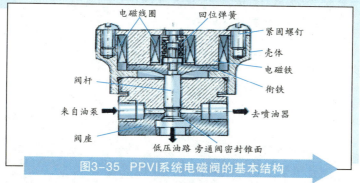

图3-35 PPVI系统电磁阀的基本结构

课题小结

1. 最早的柴油和电控燃油喷射系统是以直列柱塞式喷油泵为基础进行改造的，在直列泵上实行位置电子控制，就是取消传统的机械调速器，将齿条的控制改由一个电子执行器来控制。

2. 第二代电控柴油喷射系统为时间控制式，根据产生高压的装置的不同，又分为分配泵、直列泵、单体泵和泵喷嘴电控燃油喷射系统。

3. 柱塞分配泵分为轴向柱塞分配泵和径向柱塞分配泵。

4. 时间控制的轴向柱塞分配泵相对第一代电控系统，主要增加了高速电磁阀、凸轮轴转速传感器和油泵控制单元，用于燃油喷射的控制。

思考与练习

一、填空题

1. 最早的柴油机电控燃油喷射系统是以_____为基础改造的。其取消了_____，将齿条的控制改由一个_____来控制。

2. PPVI是_____的简写。

3. 不管是机械式燃油分配泵，还是电子控制的位置式分配泵，其喷油量大小都是由_____决定的。

4. 第二代电控柴油喷射系统为_____控制式，根据产生高压装置的不同，又分为_____、_____、_____、_____ 和_____系统。

5. PCU油泵控制单元由_____控制。PCU与ECU的内部都是一个以_____为核心的模块，PCU直接安装在_____顶部，ECU一般安装在_____。

二、简答题

1. 电控直列泵是结构特点是怎样的？

2. 位置控制式柴油喷射系统有哪些优点和不足？

3. 时间控制式直列泵喷射系统是怎样工作的？

课题四 电控泵喷嘴燃油喷射系统

● [学习任务]

1. 了解和掌握电控泵喷嘴系统的结构与组成。
2. 掌握电控泵喷嘴系统的工作原理。

● [技能要求]

1. 掌握电控泵喷嘴系统的构造特点。
2. 掌握电控泵喷嘴系统的拆装方法。
3. 掌握电控泵喷嘴系统故障的检测与维修。

任务一　泵喷嘴系统结构与组成

如图4-1所示为泵喷嘴系统（UIS），泵喷嘴系统与单体泵工作原理相似，最大的区别就在喷油器或喷嘴与油泵的连接上。电控泵喷嘴系统将产生高压的柱塞泵与喷油器合成一个整体，因此没有高压油管连接。

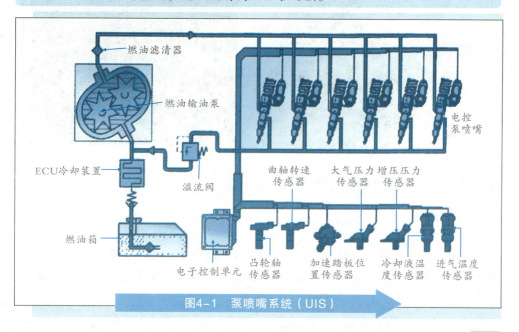

图4-1　泵喷嘴系统（UIS）

图4-2为电控泵喷嘴在柴油发动机上的安装形式。泵喷嘴直接由顶置凸轮轴驱动泵油，由于油泵和喷嘴是整体安装，所以采用这种喷射系统的发动机结构紧凑，液力系统响应快，能够进行快速高压喷射。上述的优点使电控单体泵在轿车上的小型高速柴油机和车用重型柴油机中都得到广泛应用，如大众宝来的1.9L TDI发动机就是采用这一柴油喷射技术。

图4-2　电控泵喷嘴的安装形式

如图4-3所示，泵喷嘴直接安装于发动机汽缸盖上，由凸轮轴上的喷射凸轮驱动摇臂，再由摇臂推动油泵工作，凸轮轴上的其他凸轮则用于驱动进排气门。泵喷嘴必须安装到位，若泵喷嘴与缸盖不垂直，则禁锢螺栓会松动，引起泵喷嘴或缸盖的损坏。

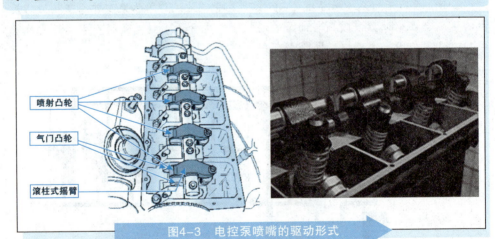

喷射凸轮

气门凸轮

滚柱式摇臂

图4-3　电控泵喷嘴的驱动形式

这种驱动方式的缺点是：

发动机缸盖上往往已经安装有配气系统的凸轮轴和摇臂，如果加上油泵的驱动装置则使发动机汽缸盖结构复杂，且对凸轮轴及正时齿带驱动产生不均匀高压负荷。

任务二 电控泵喷嘴结构与工作原理

电控泵喷嘴的结构如图4-4所示，泵喷嘴包括驱动部分、压力产生部分、控制部分和喷嘴。

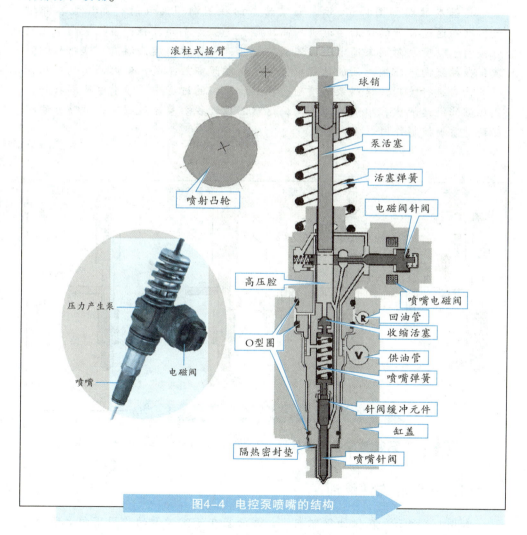

图4-4 电控泵喷嘴的结构

其中，驱动部分是由喷射凸轮、滚柱式摇臂、球销和活塞弹簧等组成；压

力产生部分指的是压力产生泵，包插泵活塞、收缩活塞以及由泵活塞、收缩活塞和泵体组成的高压腔；控制部分由喷嘴电磁阀、电磁阀阀针等组成；而喷嘴则是由喷嘴针阀、针阀缓冲元件、喷嘴弹簧和喷油孔组成。电控泵喷嘴不仅起产生高压油的作用，还是一个高压喷油器，因此可以说，泵喷嘴是电控柴油机上一个加工要求非常精密的部件。

为了更容易看懂电控泵喷嘴的喷射过程及原理，把电控泵喷嘴简化成3大部分：喷油泵、喷嘴电磁阀及喷嘴。

其基本原理如图4-5所示，当喷油泵的柱塞向下运动时，高压腔容积增大，燃油通过常开的供油通道进入高压腔，这称为充油过程；当柱塞向下压缩时，由于喷嘴电磁阀未通电，溢流通道打开，高压腔内燃油溢流，这叫压缩溢流；在柱塞向下压缩燃油的过程中，喷嘴电磁阀突然关闭，使燃油建立高压，喷嘴开启进行喷射，这叫泵油喷射；在继续压缩的过程中，喷嘴电磁阀打开，高压燃油迅速泄出，喷嘴瞬间关闭，这叫泄压过程。整个过程中，喷嘴电磁阀起到了喷射控制作用。

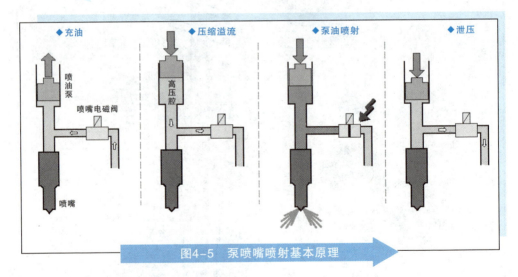

图4-5　泵喷嘴喷射基本原理

以下是电控泵喷嘴的整个工作循环：

 1. 高压腔充注燃油

如图4-6所示，在供油循环期间，泵活塞在活塞弹簧的作用下向上移动，

这样使高压腔的容积扩大。喷嘴电磁阀不动作，电磁阀针阀处于静止位置，供油管到高压腔的通道打开，从输油泵来的燃油流入高压腔。

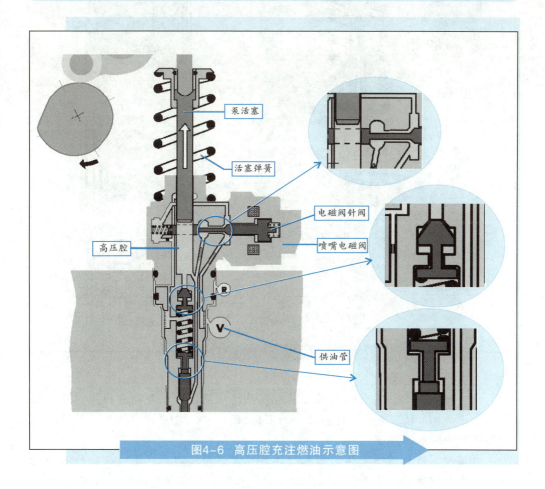

图4-6 高压腔充注燃油示意图

2. 预喷射循环开始

如图4-7所示，喷射凸轮通过滚柱式摇臂的杠杆作用将泵活塞压下，将高压腔内的燃油排出到供油管。发动机控制单元控制喷嘴电磁阀吸合，启动喷射循环。此时，电磁阀针阀被压入阀座内，关闭高压腔与供油管之间的通道，高压腔内开始产生压力，当压力达到180 bar时，针阀克服弹簧压力，喷嘴针阀上升，预喷射循环开始。要注意的是，此时预喷射喷出的高压燃油是少量的。

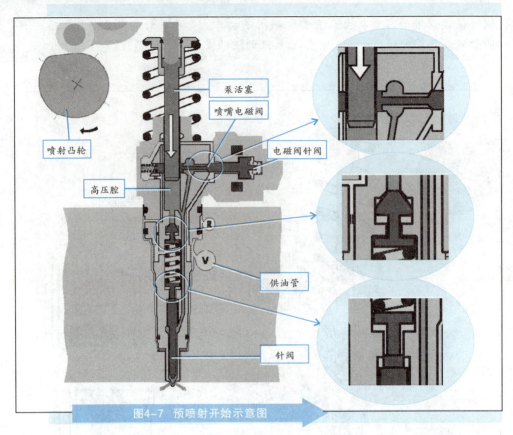

图4-7 预喷射开始示意图

　　预喷射循环中，喷嘴针阀的行程被阻尼垫阻尼，因此可以准确控制预喷射量。如图4-8所示，在喷嘴针阀打开的前1/3行程中，喷嘴针阀是无阻尼的，泵喷嘴将燃油喷入燃烧室。

　　当缓冲塞堵住喷嘴壳体的内孔时，针阀上部的燃油只能通过极小的泄油间隙排入喷嘴弹簧室，从而形成液力阻尼垫，限定预喷射循环的针阀行程。

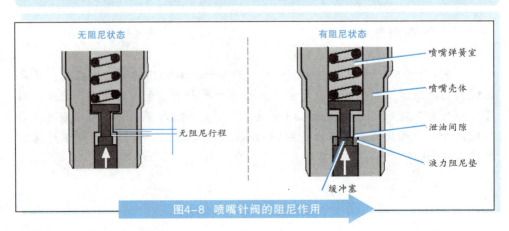

图4-8 喷嘴针阀的阻尼作用

 3. 预喷射循环结束

　　如图4-9所示，高压腔燃油上升的压力使收缩活塞下移，高压腔容积扩大，于是压力瞬间下降。这时，施加在喷嘴针阀上的弹簧力和液体压力增加，因此喷嘴针阀关闭，预喷射结束。

　　收缩活塞下移增加了喷嘴弹簧的压紧程度。若想再次打开喷嘴针阀，油压必须比预喷射过程中的油压高。

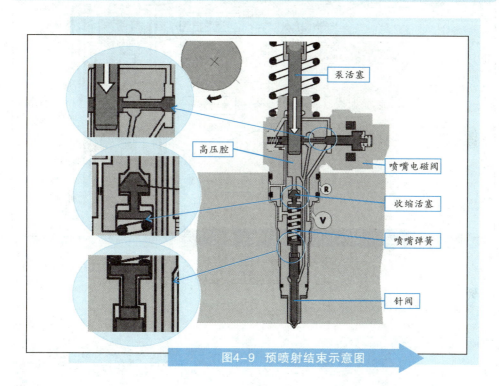

图4-9　预喷射结束示意图

 4. 主喷射循环开始

　　在喷嘴针阀关闭后的短时间内，高压腔内压力立即重新上升。这时喷嘴电磁阀仍然关闭，泵活塞下移。当燃油压力大约为300 bar时，燃油压力高于喷射弹簧作用力，喷嘴针阀再次上升，主喷射循环开始。喷射过程中，进入高压腔的燃油多于经喷嘴喷出的燃油，压力不断上升，最高可达2 050 bar。主喷射开始示意图如图4-10所示。

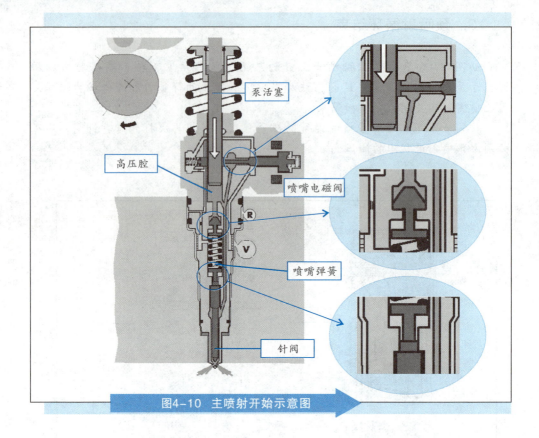

图4-10 主喷射开始示意图

（图中标注：泵活塞、高压腔、喷嘴电磁阀、喷嘴弹簧、针阀、R、V）

5. 主喷射循环结束

　　如图4-11所示，当发动机控制单元向喷嘴电磁阀发出停止喷油的指令后，喷嘴电磁阀断电，电磁阀针阀回位，供油管路与高压腔的通道打开，燃油被泵活塞排出到供油管，高压腔的高压燃油立即泄压，无高压作用的喷嘴针阀立刻关闭，此时主喷射循环结束，同时也意味着发动机的某一汽缸完成一个喷油循环。

　　在泵喷嘴的喷射循环中，供油管提供的多余燃油与泵喷嘴动作产生的泄压燃油都通过图4-12所示的节流孔返回到回油管，燃油输送系统对多余的燃油进行循环利用。

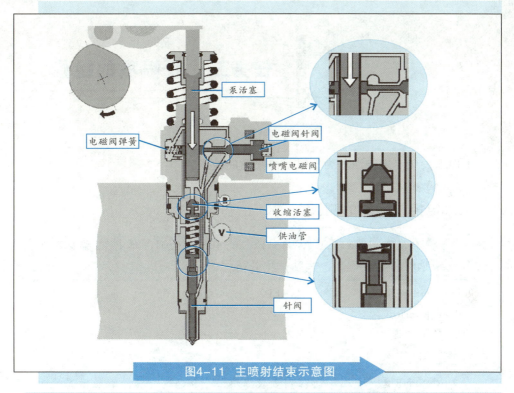

图4-11　主喷射结束示意图

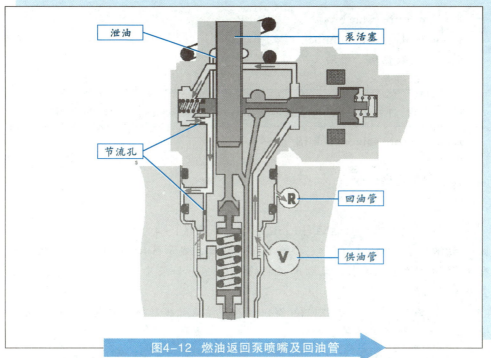

图4-12　燃油返回泵喷嘴及回油管

任务三 泵喷嘴的检修

下面以大众宝来柴油车为例讲解泵喷嘴的检修。

 1. 电控泵喷嘴的测试

（1）连接V.A.G1551或V.A.G1552，输入地址码01，选择发动机控制单元，让发动机处在怠速状态，此时显示器显示：

> Rapid data transfer　　　　　　HELP
> Select function × ×
> 快速数据传递　　　　　　　　帮助
> 选择功能 × ×

（2）按O和8键，进入"读取测量数据块"，按Q键输入，则显示器显示：

> Read measure value block　　　　HELP
> Input display group number × ×
> 读取测量数据块　帮助
> 输入显示组号× ×

（3）按O、1和8键，进入"显示组18"，按Q键确认输入，则显示器显示：

> Read measure value block 18
> 0 0 0 0
> 读取测量数据块18
> 0 0 0 0

（4）发动机至少怠速运转1 min，检查显示区1～4的泵喷嘴状态值：显示区1表示1缸，显示区2表示2缸，显示区3表示3缸，显示区4表示4缸。规定值：所有4个显示区必须显示表示无故障控制的"0"值。如果显示非"0"数字，则检查泵喷嘴电阻。

（5）按"→"键，再按O和6键，进入"结束数据传输"功能，按Q键确认输入。最后关闭点火开关。

2. 泵喷嘴电阻的检查

（1）断开汽缸盖处的泵喷嘴插头，如图4-13所示。检查汽缸盖处插头端子间的泵喷嘴电阻，其中1缸：端子7和5；2缸：端子7和3；3缸：端子7和2；4缸：端子7和6；标准值约为0.5 Ω；然后检查电路间及对地是否短路。

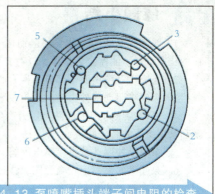

图4-13　泵喷嘴插头端子间电阻的检查

（2）检查泵喷嘴阀端子1和2间的电阻，如图4-14所示。标准值约为0.5 Ω，如未达到规定值，则更换泵喷嘴。

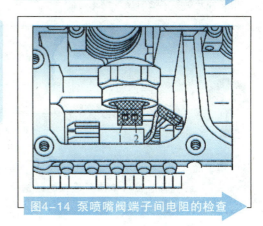

图4-14　泵喷嘴阀端子间电阻的检查

3. 检查控制单元的线路

（1）将测试盒V.A.G1598／31连接到发动机控制单元的线束上，但不连接发动机控制单元。

（2）按电路图和图4-15检查测试盒端子与插座间端子的线路是否断路：端子2与插口118、端子3与插口117、端子5与插口116、端子6与插口121、端子7与插口114，线路电阻：最大1.5 Ω。另需检查线路间、对地及对蓄电池正极是否短路，规定值：无穷大。如在线路中检测到故障，则更换柴油直接喷射系统控制单元。

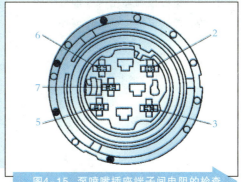

图4-15　泵喷嘴插座端子间电阻的检查

 课题小结

1. 泵喷嘴系统与单体泵的区别在于喷油器或喷嘴与油泵的连接，泵喷嘴系统将产生高压的柱塞泵与喷油器合为整体，没有高压油管连接。

2. 泵喷嘴系统由驱动部分、压力产生部分、控制部分与喷嘴组成。

3. 泵喷嘴驱动部件由喷射凸轮、滚柱式摇臂、球销与活塞弹簧组成。

4. 泵喷嘴压力产生部件为压力产生泵，包括泵活塞、收缩活塞以及由泵活塞、收缩活塞和泵体组成的高压腔。

5. 泵喷嘴控制部分由喷嘴电磁阀、电磁阀阀针等组成。

6. 泵喷嘴的喷嘴由喷嘴针阀、针阀缓冲元件、喷嘴弹簧和喷油孔组成。

7. 泵喷嘴的工作循环为：高压腔充注燃油、预喷射循环开始、预喷射循环结束、主喷射循环开始、主喷射循环结束。

 思考与练习

一 填空题

1. 泵喷嘴系统与单体泵最大的区别是_____

_____。

2. 泵喷嘴包括_____、_____、_____和_____。

3. 电控泵喷嘴的整个工作循环为_____ 、_____、

_____、_____、_____。

二、简答题

1. 电控泵喷嘴由哪些部分组成？

2. 简述电控泵的工作原理。

课题五 电控单体泵燃油喷射系统

⦿ [学习任务]

1. 掌握电控单体泵喷射系统的结构与组成。
2. 掌握电控单体泵喷射系统的工作原理。

⦿ [技能要求]

1. 了解电控单体泵的结构特征。
2. 掌握电控单体泵的拆装方法。
3. 掌握电控单体泵系统故障的检测与维修。

任务一　电控单体泵结构与组成

　　如图5-1为电控单体泵（EUP）时间控制式电控燃油喷射系统，**电控单体泵喷油系统是一种能够自由灵活调整喷油量和喷油正时、具有高喷射压力的新型燃油喷射系统。** 这就为柴油机的燃油喷射过程提供了更为灵活的控制技术，并且大幅度提高了喷油压力，以精确的喷油过程有效地配合高效燃烧控制。采用电控单体泵式喷油系统的柴油机，不仅提高了功率、扭矩，降低了燃料消耗，并且改善了排放性能，降低了噪声，有效地满足日益严格的国家环保法规要求。

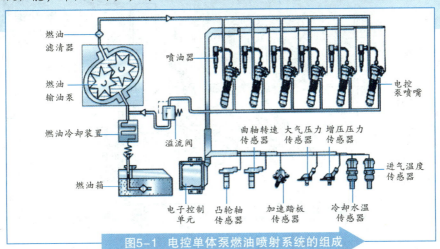

图5-1　电控单体泵燃油喷射系统的组成

电控单体泵在发动机上的安装和布置形式分别如图5-2、图5-3所示，电控单体泵一般采用外挂的方式，像安装直列泵那样将各缸的泵体都安装在一个泵体中。电控单体泵采用凸轮轴中置的方式驱动，凸轮轴直接安装在发动机缸体中，支撑刚度好。高压泵和喷油器之间由一小段高压油管连接，位置相互独立，便于布置；电控单体泵本身结构强度好，适于高压喷射。该系统特别适合于缸心矩较大的大型和重型柴油机，除了在柴油汽车上得到应用以外，还在坦克、装甲车辆、机车和船用柴油机上得到了广泛应用。单体泵燃油系统将成为大功率柴油机的理想燃油系统。

图5-2 外挂电控单体泵

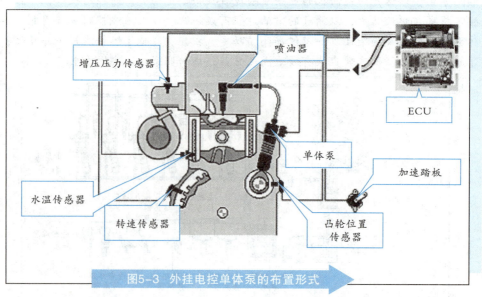

图5-3 外挂电控单体泵的布置形式

任务二 电控单体泵工作原理

　　图5-4所示为电控单体泵结构，单体泵由喷射控制电磁阀、锥阀、柱塞、柱塞弹簧、高压腔、低压油路及泵体等组成。喷射电磁阀包括电磁阀线圈及电磁阀阀杆，阀杆与锥阀的锥体连为一体，锥阀接通或断开高压腔与低压油路的通道。

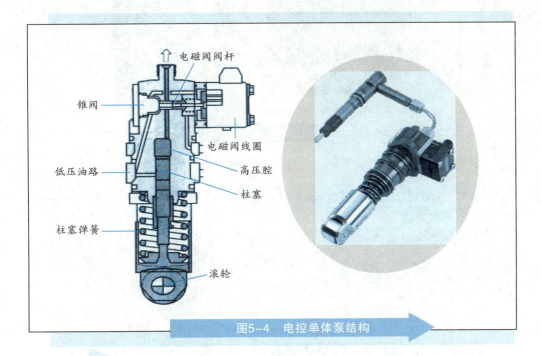

图5-4 电控单体泵结构

　　电控单体泵喷射系统的工作过程可分为以下几个阶段：高速电磁溢流阀设在单体泵的出油端，溢流阀断电时，回油道打开，单体泵内的柱塞即使已开始泵油，也不能建立高压，只有当溢流阀通电，回油油道关闭，油压才迅速升高；高压燃油经过一段很短的高压油管进入喷油器使其喷油。溢流阀断电时，回油油道打开，迅速溢流卸压，喷油停止。电磁溢流阀通电的持续时间决定了循环供油量。单体泵的工作步骤如下。

 1. 吸油过程

如图5-5所示,当柱塞下移时,喷射系统内部压力将低于低压油路的泵油压力,此时低压系统燃油将通过柱塞套上的进油口进入高压喷射系统。

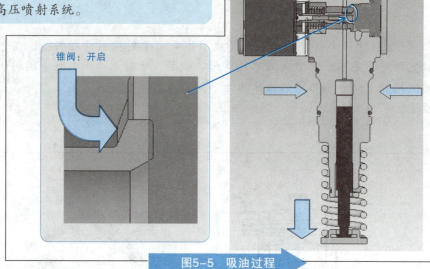

锥阀:开启

图5-5 吸油过程

 2. 旁通过程

如图5-6所示,当柱塞上升时,柱塞腔压力上升,只要电磁阀处于断电状态,柱塞腔中压力与进油压力就大体相同,燃油通过回油通路回到燃油箱。受压燃油经控制阀旁通口高速泄流,回到低压系统。

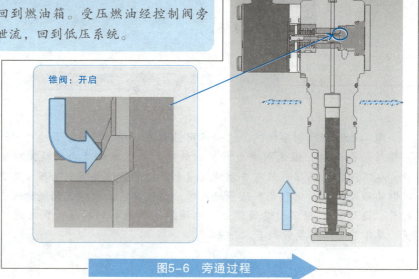

锥阀:开启

图5-6 旁通过程

3. 喷射过程

如图5-7所示，在柱塞供油行程中，当电控系统根据所采集到的各传感器信号，在某一个特定的时刻发出喷油控制脉冲，通过驱动电路使电磁铁上电，回油通道被关闭，柱塞腔形成一封闭容积，随着柱塞的上升，封闭容积中的燃油被压缩，压力迅速上升，嘴端压力也急剧上升，当此压力高于喷嘴开启压力时，针阀开启，燃油喷入汽缸内。

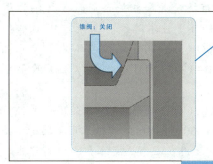

锥阀：关闭

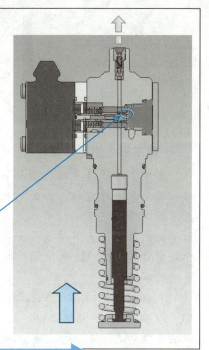

图5-7 喷射过程

4. 泄压过程

如图5-8所示，柱塞继续上升，当控制脉冲终止时，电磁铁断电，回油通路接通，燃油经回油通路溢出，高压燃油经阀口向低压系统泄流，高压油路压力下降，当降至针阀开启压力时，喷油结束。

电控单体泵上的喷油控制电磁阀在整个过程中实际上担负着一个开关阀的作用，它一般处于常闭状态。其工作原理是：通过其通电时刻，来控制喷油正时，由通电持续时间长短，来计算喷油量，实现对喷油量的控制。

锥阀：开启

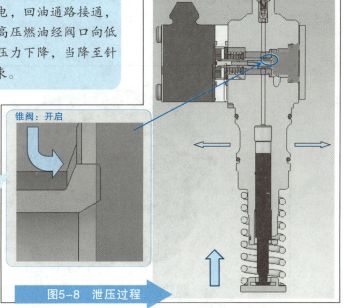

图5-8 泄压过程

任务三 电控单体泵的检修

德尔福单体泵系统简介

玉柴电控欧Ⅲ柴油机项目的研发早在上个世纪末期已经开始，当时国内在这方面还是一片空白，玉柴对国外的市场情况和相关企业做了详细的调研，根据中国国情确定了电控单体泵系统（EUP）技术路线。玉柴自从2004年初，推出了国内第一款具有批量生产能力的6G（DELPHI电控单体泵）柴油机以来，已经有6L（DELPHI电控单体泵）、4G（DELPHI电控单体泵）欧Ⅲ发动机批量投放市场。

玉柴YC4G180-30、YC4G210-30、YC6G240-30、YC6G270-30、YC6L280-30、YC6L310-30、YC6L330-30、YC6L350-30系列柴油机采用美国德尔福电控单体泵喷射系统，排放达欧Ⅲ标准，广泛应用在城市公交客车、旅游客车、载货汽车、自卸车和牵引车上。

图5-9为玉柴YC6L-30系列柴油机，其技术结构参数和技术性能参数如表5-1。

图5-9　YC6L-30系列柴油机

◎ 表5-1 YC6L-30柴油机特性参数

主要技术结构参数		
型号	YC6L280-30	YC6L310-30	YC6L330-30
代号	L3 800	L3 600	L3 700
形式	立式、直列、水冷、四冲程		
缸数-缸径×行程/mm	6-113×140		
进气方式	增压中冷		
供油系统	Dclphi电控单体泵		
气缸排量/L	8.424		
主要技术性能指标		
标定功率/kW	206	228	243
标定转速（r·min⁻¹）	2 200		
最大扭矩（N·m）	1 100	1 200	1 300
最大扭矩转速（r·min⁻¹）	1 000~1 500	1 000~1 500	1 200~1 500
排放	欧Ⅲ		
发动机重量/kg	810		

1. 燃油供给系统

　　低压部分主要由燃油箱、油水分离器、手动油泵、输油泵、柴油细滤器、单体泵总成、供油管、调压阀、燃油分配器、燃油温度传感器、回油管等部件组成。低压部分的作用是把燃油从油箱中吸出、过滤，并向单体泵供给0.4~0.7 MPa的低压燃油。在进油系统，要求细滤器过滤精度为3~5 μm，电动输油泵的输油流量为7~9 L/min，供油压力为0.4~0.7 MPa。在输油泵的出口处，燃油压力大于0.4~0.6 MPa时，安全阀被打开，燃油经回油管流经燃油分配器返回油箱，从而保护电动输油泵不过载。

　　高压部分主要由电控单体泵、高压油管和喷油器组成。高压部分的作用是将燃油加压、分配和喷射，玉柴欧Ⅲ系列电控柴油机，其喷射系统最高压力达180 MPa。燃油供给系统如图5-10所示。

　　单体泵总成各部件的润滑采用柴油机机油强制润滑，其润滑路线为： 油底壳→机油集滤器→机油泵→机油滤清器→机油冷却器→发动机主油道→单体泵润滑油进口→单体泵总成润滑油道→凸轮轴和滚轮总成→单体泵总成润滑油主回油管→油底壳（或通过单体泵室内部润滑油回油孔经齿轮室回到油底壳）。

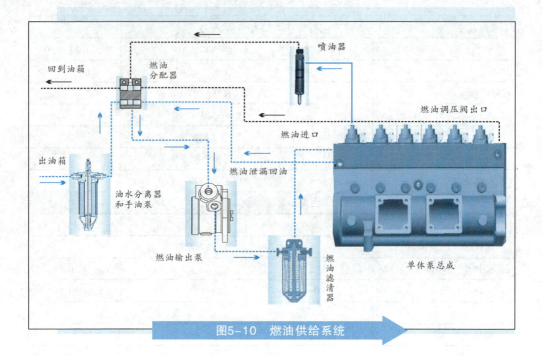

图5-10　燃油供给系统

2. 单体泵控制系统

单体泵控制系统如图5-11所示。

玉柴电控柴油机电子控制部分由ECU、传感器和执行器组成，如图5-12所示。

传感器的作用是采集柴油机、车辆运行信息，并把这些信息传递给ECU。电控欧Ⅲ标准柴油机传感器有曲轴转速传感器、凸轮轴位置传感器、加速踏板位置传感器、进气压力/温度传感器、燃油温度/压力传感器、冷却液温度传感器。另外，还有空调开关、排气制动开关、急速控制开关等信号。

电子控制单元的作用是接收各种传感器和开关的信号，进行运算、分析、比较、判断，根据ECU存储的发动机控制程序向执行器（单体泵电磁阀等）发出指令，实现喷油量和喷油正时的控制。ECU还具有故障诊断功能，当控制系统出现故障时，它会进行识别，当确认为故障时，以故障码的形式进行存储，并使指示灯点亮，提醒驾驶员进行检修。

执行器有单体泵电磁阀（6个）、排气制动阀、风扇控制、水温过高指示灯、故障指示灯等。

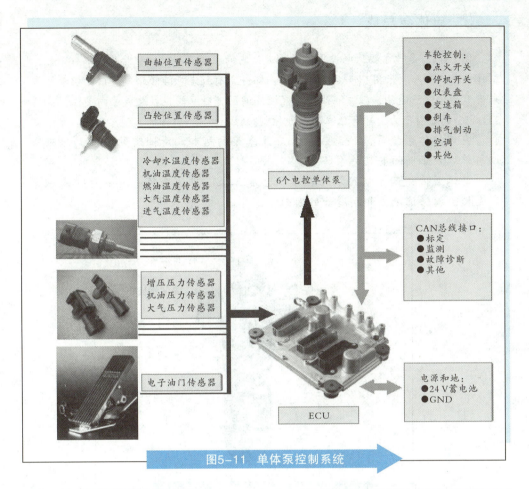

曲轴位置传感器

凸轮位置传感器

冷却水温度传感器
机油温度传感器
燃油温度传感器
大气温度传感器
进气温度传感器

增压压力传感器
机油压力传感器
大气压力传感器

电子油门传感器

6个电控单体泵

车轮控制：
● 点火开关
● 停机开关
● 仪表盘
● 变速箱
● 刹车
● 排气制动
● 空调
● 其他

CAN总线接口：
● 标定
● 监测
● 故障诊断
● 其他

电源和地：
● 24 V蓄电池
● GND

ECU

图5-11　单体泵控制系统

德尔福单体泵控制系统ECU可用12 V和24 V供电，ECU采用Power PC微处理器、橡胶绝缘隔垫、可以驱动单阀的燃油喷射系统、国际先进的CAN现场总线通信技术，可选择的燃油冷却功能，内置大气压力和ECU温度传感器，可以满足欧Ⅳ、欧Ⅴ的排放要求。

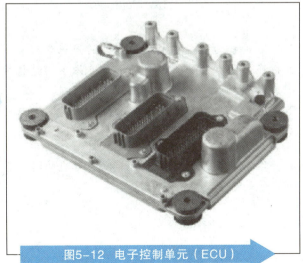

图5-12　电子控制单元（ECU）

 3. 单体泵总成

图5-13，是德尔福的电控单体泵总成，它的柱塞直径×冲程为 $\Phi 11 \times 16$ mm，工作电压为50 V、采用Tyco 2pin接插件，插件上有激光点阵修正码。该电控单体泵采用单油槽低压进油，独立泄油、外置燃油滤网，独立的挺柱总成导向定位，高达2 000 bar的喷射压力，具有独立的电气控制特性。

安装单体泵挺柱滚轮总成时，应注意导向槽和润滑油道的方向，并应保证与单体泵正确的安装关系。

单体泵使用两个螺栓压紧在单体泵壳体上，单体泵的三道密封胶圈应完好无损，以保证燃油和润滑油的密封。

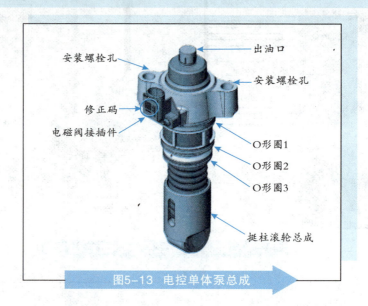

图5-13 电控单体泵总成

图5-14为德尔福电控单体泵的修正代码表。每一个电控单体泵的电磁阀连接插座上都有唯一的识别码，对单体泵油量特性进行修正，用来保证各缸喷油控制的精确性，达到各缸工作的一致性。在使用前该识别码已输入到相应的ECU，如果更换ECU或单体泵，应重新输入识别码。

德尔福单体泵的修正代码如图5-15所示，通过查找修正代码对应的时间参数补偿系数表，就可以得到单体泵对应的补偿系数，每个代码对应两个参数，可任选一个。

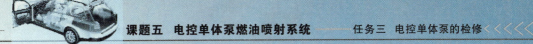

	A	B	C	D	E	F	G	H	I	J	K	L	M	N	O	P
1	GB	128	CJ	92	JK	56	BM	20	LL	-16	MB	-52	KJ	-88	DK	-124
2	GB	127	CJ	91	JK	55	BM	19	LL	-17	MB	-53	KJ	-89	DK	-125
3	GF	126	CH	90	JD	54	BE	18	LA	-18	MF	-54	KH	-90	DD	-126
4	GF	125	CH	89	JD	53	BE	17	LA	-19	MF	-55	KH	-91	DD	-127
5	GL	124	CB	88	HJ	52	BK	16	LM	-20	ML	-56	KB	-92		
6	GL	123	CB	87	HJ	51	BK	15	LM	-21	ML	-57	KB	-93		
7	GA	122	CF	86	HH	50	BD	14	LE	-22	MA	-58	KF	-94		
8	GA	121	CF	85	HH	49	BD	13	LE	-23	MA	-59	KF	-95		
9	GM	120	CL	84	HB	48	FJ	12	LK	-24	MM	-60	KL	-96		
10	GM	119	CL	83	HB	47	FJ	11	LK	-25	MM	-61	KL	-97		
11	NE	118	CA	82	HF	46	FH	10	LD	-26	ME	-62	KA	-98		
12	NE	117	CA	81	HF	45	FH	9	LD	-27	ME	-63	KA	-99		
13	GK	116	CM	80	HL	44	FB	8	AJ	-28	MK	-64	KM	-100		
14	GK	115	CM	79	HL	43	FB	7	AJ	-29	MK	-65	KM	-101		
15	GD	114	CE	78	HA	42	FF	6	AH	-30	MD	-66	KE	-102		
16	GD	113	CE	77	HA	41	FF	5	AH	-31	MD	-67	KE	-103		
17	NJ	112	CK	76	HM	40	FL	4	AB	-32	EJ	-68	KK	-104		
18	NJ	111	CK	75	HM	39	FL	3	AB	-33	EJ	-69	KK	-105		
19	NH	110	CD	74	HE	38	FA	2	AF	-34	EH	-70	KD	-106		
20	NH	109	CD	73	HE	37	FA	1	AF	-35	EH	-71	KD	-107		
21	NB	108	JJ	72	HK	36	FM	0	AL	-36	EB	-72	DJ	-108		
22	NB	107	JJ	71	HK	35	FM	1	AL	-37	EB	-73	DJ	-109		
23	NF	106	JH	70	HD	34	FE	-2	AA	-38	EF	-74	DH	-110		
24	NF	105	JH	69	HD	33	FE	-3	AA	-39	EF	-75	DH	-111		
25	NL	104	JB	68	BJ	32	FK	-4	AM	-40	EL	-76	DB	-112		
26	NL	103	JB	67	BJ	31	FK	-5	AM	-41	EL	-77	DB	-113		
27	NA	102	JF	66	BH	30	FD	-6	AE	-42	EA	-78	DF	-114		
28	NA	101	JF	65	BH	29	FD	-7	AE	-43	EA	-79	DF	-115		
29	NM	100	JL	64	BB	28	LJ	-8	AK	-44	EM	-80	DL	-116		
30	NM	99	JL	63	BB	27	LJ	-9	AK	-45	EM	-81	DL	-117		
31	NE	98	JA	62	BF	26	LH	-10	AD	-46	EE	-82	DA	-118		
32	NE	97	JA	61	BF	25	LH	-11	AD	-47	EE	-83	DA	-119		
33	NK	96	JM	60	BL	24	LB	-12	MJ	-48	EK	-84	DM	-120		
34	NK	95	JM	59	BL	23	LB	-13	MJ	-49	EK	-85	DM	-121		
35	ND	94	JE	58	BA	22	LF	-14	MH	-50	ED	-86	DE	-122		
36	ND	93	JE	57	BA	21	LF	-15	MH	-51	ED	-87	DE	-123		

图5-14　德尔福单体泵修正代码表

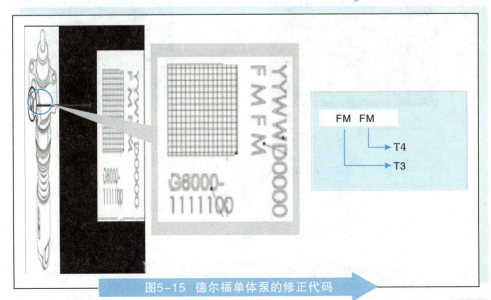

图5-15　德尔福单体泵的修正代码

玉柴电控单体泵系统除了使用德尔福电控单体泵外，还使用国产的威特电控单体泵和湖南衡阳生产的南岳电控单体泵，图5-16为威特电控单体泵结构图。威特电控单体泵有EP1000、WP1000、WP2000等型号，它们的结构和性能参数都不一样。

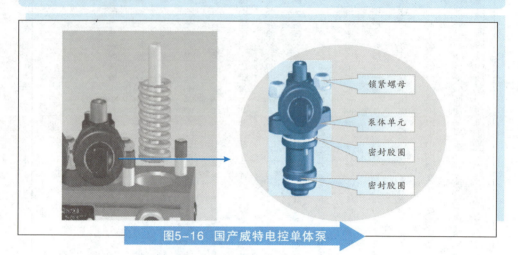

图5-16　国产威特电控单体泵

威特电控单体泵的电磁阀上标有喷油修正码，如图5-17所示，通过电脑软件可以找出代码对应单体泵的参数。

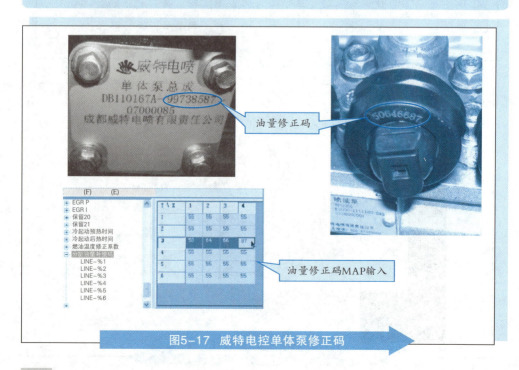

图5-17　威特电控单体泵修正码

图5-18为国产南岳电控单体泵的外形及结构图，该单体泵主要由电磁铁、控制阀芯、柱塞、柱塞套、柱塞弹簧等组成。两密封圈密封低压部分燃油，保持进油压力，电磁阀用4个长螺钉固定在泵体上。

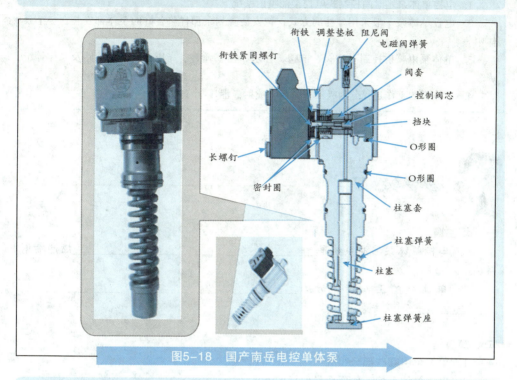

图5-18 国产南岳电控单体泵

衡阳南岳电控单体泵总成如图5-19所示，各缸单体泵安装在一个泵箱内，输油泵也安装在泵箱上，输油泵和单体泵由凸轮轴进行驱动。单体泵的高压泵出油口通过高压管与对应的喷油器相连，图中也标明了单体泵总成上的其他燃油接口及元件位置。

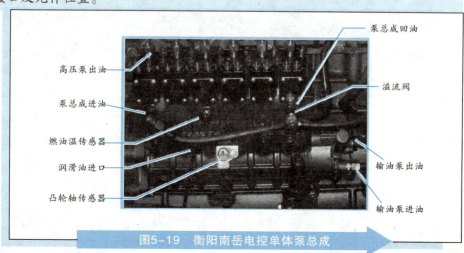

图5-19 衡阳南岳电控单体泵总成

 课题小结

1. 电控单体泵是时间控制式电控柴油喷射系统。
2. 电控单体泵一般采用外挂的方式，像安装直列泵那样将各缸的泵体都安装在一个泵体中。
3. 单体泵由喷射控制电磁阀、锥阀、柱塞、柱塞弹簧、高压腔、低压油路及泵体等组成。
4. 单体泵的工作过程分为吸油、旁通、喷射、泄压4个过程。

 思考与练习

一、填空题

1. 电控单体泵喷油系统是_____燃油喷射系统。

2. 单体泵的工作步骤分为_____、_____、_____、_____4个过程。

二、简答题

1. 单体泵由哪些部分组成？
2. 电控单体泵的工作原理是怎样的？

课题六 电控高压共轨燃油喷射系统

● [学习任务]

1. 掌握电控高压供轨系统的结构与组成。
2. 理解电控高压共轨系统的工作原理。

● [技能要求]

1. 熟悉电控高压共轨系统各组成部分的结构特征及其功用。
2. 掌握电控高压共轨系统各部件的拆装与检测方法。
3. 掌握电控高压共轨系统常见故障的诊断排除技巧。

任务一　电控高压共轨的结构与组成

　　高压共轨电喷技术是指在由高压油泵、压力传感器和电子控制单元（ECU）组成的闭环系统中，将喷射压力的产生和喷射过程彼此完全分开的一种供油方式。它是由高压油泵将高压燃油输送到公共供油管（油轨），通过公共供油管内的油压实现精确控制，使高压油管压力大小与发动机的转速无关，长期保持在一个稳定状态。

　　柴油机共轨式电控燃油喷射技术是一种全新的技术，因为它集成了计算机控制技术、现代传感检测技术以及先进的喷油结构于一身。它不仅能达到较高的喷射压力、实现喷射压力和喷油量的精确控制，而且能实现预喷射和后喷，从而优化了系统。

　　图6-1为高压共轨式电控柴油喷射系统的结构组成图，高压共轨式电控发动机系统由以下4大部分组成。

▶ **1.低压燃油系统**

　　包括油箱、油箱内或高压泵内的输油泵、燃油滤清器、低压输送油管和低压回油管。

▶ 2.共轨压力控制系统

包括高压泵、高压油管、共轨压力控制阀（PCV）、共轨、共轨压力传感器、安全泄压阀和流量限制阀。

▶ 3.燃油喷射控制系统

包括带有电磁阀的高压喷油器、凸轮轴位置传感器和带齿缺的曲轴转速传感器。

▶ 4.发动机管理系统

包括发动机的各个传感器、控制单元（ECU）以及电子执行器。

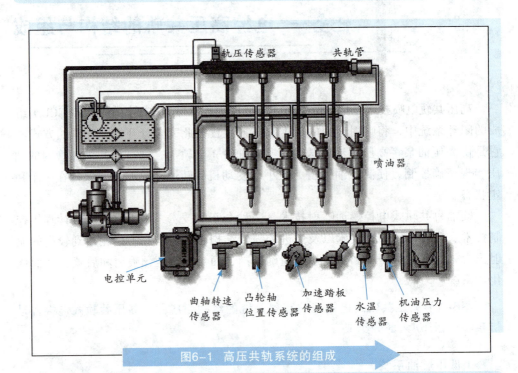

图6-1　高压共轨系统的组成

目前世界上主要有三大公司在研发和生产柴油机高压共轨系统，他们是德国的博世（BOSCH）、日本的电装（Denso）和美国的德尔福（Delphi）。

德国博世公司从推出第一代、第二代柴油高压共轨系统后，现在已经发展到第三代高压电控共轨喷射系统。

任务二　电控高压共轨系统工作原理

　　1997年至今，BOSCH公司已经连续推出了3代共轨系统，在前两代共轨系统中主要重视喷油压力的提升：第一代是135 MPa；第二代是160 MPa。而第三代共轨系统的重心转移到系统的技术复杂度和精密度上，其压力暂时保持在160 MPa。第三代共轨系统的特殊之处在于它采用了一个紧凑的快速开关式压电直列喷油器，设计一个压电执行器内置于喷油器轴体上，且非常靠近喷油器喷嘴针阀。图6-2是一台安装了博世高压共轨系统的柴油机。下面详细讲述博世的前两代共轨系统。

图6-2　博世共轨系统在发动机上的典型布置

　　博世高压共轨发动机的燃油系统分为<u>低压供油部分</u>和<u>高压供油部分</u>。低压部分为高压部分提供足够的燃油，主要零部件有：油箱、燃油滤清器（包括油水分离器、手动输油泵）、低压输油管、回油管、安装于高压油泵上的齿轮式吸油泵或叶片式吸油泵；高压供油部分除产生高压燃油外，还进行燃油分配和燃油压力测量，主要零部件有：高压泵（包括流量计量阀）、高压蓄压器（轨道，包括轨压传感器）、喷油器、高压油管。

　　带博世CP1高压泵的共轨系统如图6-3所示，带博世CP2高压泵的共轨系统如图6-4所示。

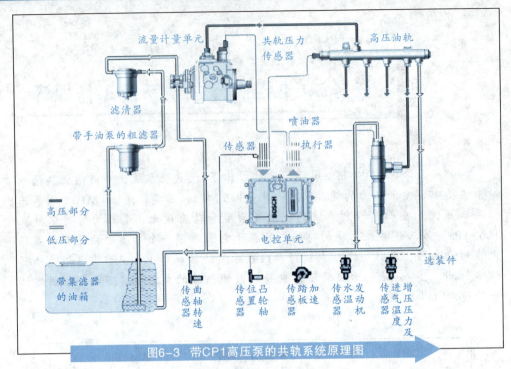

图6-3 带CP1高压泵的共轨系统原理图

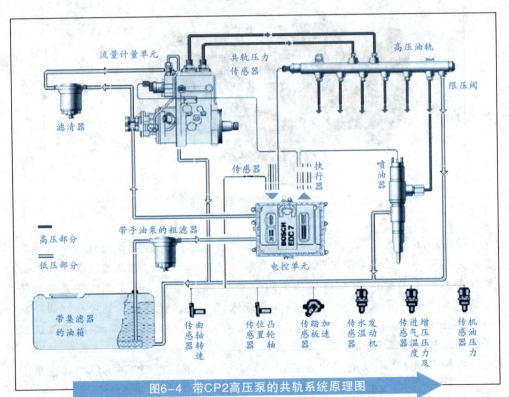

图6-4 带CP2高压泵的共轨系统原理图

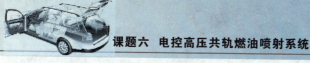

一、燃油粗滤器和精滤器

　　柴油发动机上燃油滤清器分粗滤器和精滤器（如图6-5）。带手动油泵和油水分离器的燃油粗滤器可以滤去燃油中的污染物、杂质、颗粒物和水分，并可对分离出来的水量进行监控。手动输油泵是向燃油滤清器内提供燃油的设备，也是保证发动机首次启动必须使用的设备。当发动机燃油耗尽后，进行油水分离器内的排水工作，更换燃油滤清器后，重新启动发动机前要先按压手动输油泵直到按不动为止。燃油精滤器安装在粗滤器与高压泵柱塞之间，对进入高压泵柱塞前的燃油进一步过滤。电控共轨系统对燃油滤清的分离效率、流量和水分分离能力有特殊的要求，燃油粗滤器的滤水能力要达到93%，燃油精滤器的滤清能力要达到5μm的颗粒滤清效率为95%。

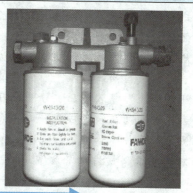

图6-5　燃油粗滤器和精滤器

　　燃油粗滤器的结构如图6-6所示。水量传感器是燃油滤清器中必配的电子

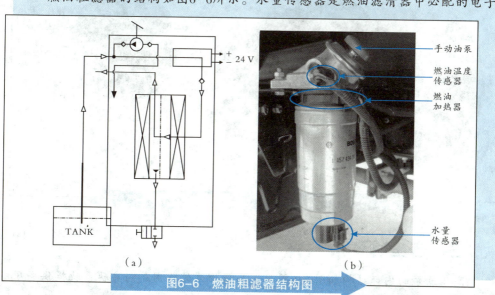

图6-6　燃油粗滤器结构图

（a）原理图；（b）实物图

93

元件，用来探测燃油滤清器中燃油过滤下来的水分情况。根据传感器反馈的信息，ECU使仪表上警告灯适时点亮，并通过降低发动机转速及输出扭矩，来对发动机共轨燃油系统采取保护。此时，应放出燃油滤清器上的水分。有的粗滤器上还带燃油加热器和燃油温度传感器。ECU根据燃油温度传感器提供的信息决定是否控制燃油加热器继电器打开对燃油进行加热。燃油加热器是一个电阻式加热器；燃油温度传感器和普通温度传感器的特性基本相同，检测时可参考水温传感器或进气温度传感器的检测方法。

二、低压输油泵

高压泵的后面一般安装有齿轮泵式吸油泵或叶片式吸油泵，由高压泵的轴驱动，把油从油箱中抽出并输送到高压泵。图6-7是齿轮式输油泵的结构图。输油泵出现故障时无法给高压泵提供足够的燃油，这会造成高压过低使发动机无法正常工作或无法成功启动。齿轮泵不需要维修，如果损坏则直接更换。首次启动前或当油箱被抽干时需为其加注燃油，可把手动泵直接安装在齿轮泵或低压油管上。吸入负压、输出油压和回油流量是齿轮输出性能的相关参数，因为齿轮泵与高压泵集成在一起，无法测量输出压力；又因为回油流量与发动机其他参数有关（如喷油器工作性能、发动机转速、高压泵性能等），所以吸入压力就成了测量齿轮泵最常用的方法。齿轮泵的吸入压力为−70~−30 kPa（即0.3~0.7 bar），该压降来自燃油滤清器的过滤阻力。

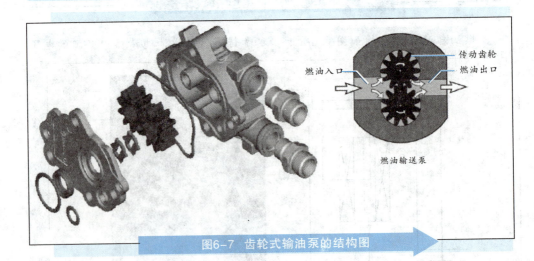

传动齿轮
燃油入口
燃油出口
燃油输送泵

图6-7 齿轮式输油泵的结构图

三、高压油泵

高压油泵的内部结构如图6-8所示，高压油泵的作用是向共轨系轨提供高压

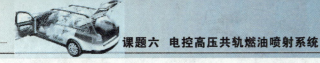

燃油。一个高压油泵上有3套柱塞组合，由驱动轴带动的偏心轮驱动，3个柱塞在圆周角上相位相差120°。偏心轮驱动平面和柱塞垫块之间为面接触，比起分配泵的凸轮与滚轮之间的线接触，面接触的接触应力小得多，这有利于产生压力更高的燃油喷射。

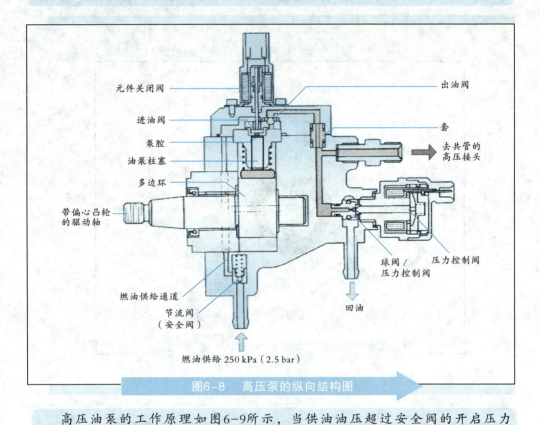

图6-8　高压泵的纵向结构图

高压油泵的工作原理如图6-9所示，当供油油压超过安全阀的开启压力（0.5～1.5 bar）时，燃油进入进油阀，当柱塞往下运动时，由于柱塞腔内产生吸力，进油阀打开，燃油经进油阀进入柱塞压缩腔；当柱塞向上运动时，由于柱塞腔不再吸油，进油阀关闭，燃油建立起高压；当柱塞腔的压力高于共轨中燃油的压力时，出油阀打开，高压燃油在压力控制阀（PCV）的控制下进入共轨管内。驱动油泵上升的动力与共轨中设定的压力和油泵的转速（输油量）成正比，博世第一代共轨系统设定压力为135 MPa，而第二代共轨系统设定压力为160 MPa。在高压泵内燃油由3个径向排列的活塞压缩，每个循环进行3次输送冲程，由于每次旋转都产生3次压送冲程，只产生低峰值驱动力矩，因此泵驱动装置的受力保持均匀。高压泵将燃油压缩至一个最高由系统设定的压力，最终压力即系统压力是由PCV来调节的。

CP1高压泵是为大供油量而设计的，在怠速和部分载荷的工况下，过量高压燃油经压力控制阀流回油箱。压缩燃油在油箱中释放压力，由于能量是消耗在第

一次压缩燃油的过程中，这个过程不仅不必要对燃油加热，整体的效率也下降了。从某种程度上讲，这种效率损失可以由关闭一个泵油部件来补偿。当关闭电磁阀的元件被触发时，一个与它连接的销轴持续使进油阀打开，该泵油部件被断开。结果，被引入泵油部件内的燃油在供油行程不能被压缩，由于在部件腔内没有压力产生，燃油又流回低压管道。

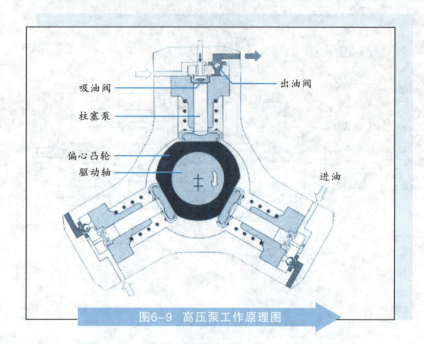

吸油阀
柱塞泵
偏心凸轮
驱动轴

出油阀

进油

图6-9 高压泵工作原理图

 需要注意的是：

新的高压油泵启用时，内部是没有燃油的，而高压油泵是不允许"干运转"的。高压油泵在首次运转或排空维修之后首次运转之前需充入15 mL的柴油，充油时最大压力不大于4 bar，最好采用粗滤器上的手油泵进行充油（点火之前应该排出泵内低压回路内的空气）。

博世（BOSCH）高压油泵常用的有3种型号，分别是：CP1、CP2、CP3。CP1的外形如图6-10所示，内部结构和接口如图6-8所示。上面介绍的高压油泵就是CP1，它的特点是有一个第三柱塞关闭电磁阀和调节共轨压力的压力控制阀，压力控制阀是常开电磁阀，调节输送的燃油压力，调节范围为25 MPa～135 MPa，即CP1向供油系统提供最高为135 MPa的燃油压力。

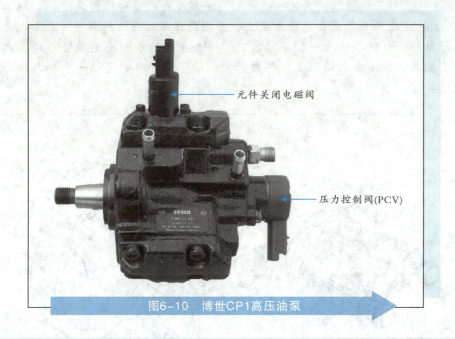

元件关闭电磁阀

压力控制阀(PCV)

BOSCH

图6-10 博世CP1高压油泵

　　博世CP2型高压油泵外形及结构如图6-11所示，CP2高压油泵由曲轴正时齿轮通过齿轮传动带动凸轮轴旋转，泵内有2个直列柱塞泵，因而油泵有2个高压油出口。驱动直列柱塞泵的凸轮轴凸轮有3个凸起，因此驱动轴每转一圈，每个直列柱塞有3次泵油动作。CP2高压油泵上集成了燃油输油泵，并安装了燃油计量阀M-PROP（用于进油调节），ECU通过占空比信号对燃油计量阀进行控制，实现对共轨压力的调节。

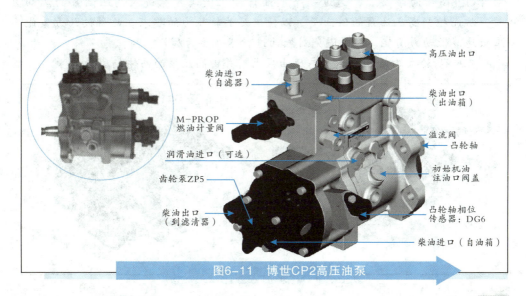

柴油进口（自滤器）

高压油出口

M-PROP 燃油计量阀

柴油出口（出油箱）

润滑油进口（可选）

溢流阀
凸轮轴

齿轮泵ZP5

初始机油注油口阀盖

柴油出口（到滤清器）

凸轮轴相位传感器：DG6

柴油进口（自油箱）

图6-11 博世CP2高压油泵

CP2高压油泵上有一个ZP5输油泵，外形及内部传动结构如图6-12所示。ZP5齿轮式输油泵集成在高压油泵上，并由高压泵的凸轮轴驱动。输油泵是一个外齿轮啮合泵，它由一个驱动齿轮、一个主齿轮和一个副齿轮组成。内齿轮安装在高压油泵凸轮轴上，与内齿轮相啮合的外齿轮通过一个轴与齿轮泵相连。

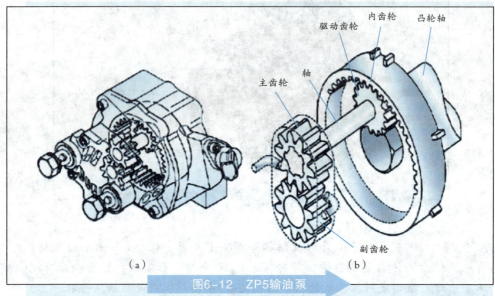

图6-12 ZP5输油泵

（a）外形图；（b）内部传动图

博世CP3的外形接口及内部结构如图6-13所示，其泵油原理与CP1相同，在高压泵内燃油由3个径向排列在3个柱塞上圆周角相位相差120°的活塞压缩。对于CP3高压油泵而言，通过一个燃油计量比例阀控制进入高压油泵的燃油量，从而控制高压油泵的供油量，以便满足共轨压力的要求。此种设计方案能有效地降低动力消耗，同时避免对燃油进行不必要的加热。

ZP18齿轮式输油泵集成在高压油泵上，并由高压泵的凸轮轴驱动。

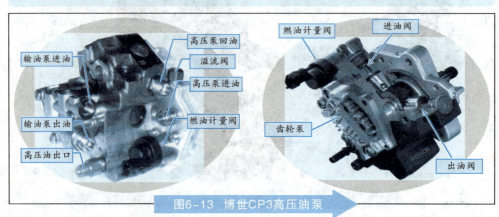

图6-13 博世CP3高压油泵

四、压力控制阀（PCV）

高压油泵柱塞工作时产生的油压在无调节的情况下是随着发动机转速的变化而变化的，为了使共轨系统有一个稳定的喷射压力，那就需要一个调节机构。在博世CP1类型的高压油泵中，共轨压力的调节是在压力控制阀的作用下完成的。

BOSCH共轨系统中PCV的结构如图6-14所示，球阀是高压共轨燃油与低压回油的分界点，球阀的一侧是来自共轨燃油的压力，另一侧是受弹簧预紧力和电磁阀电磁力作用的衔铁。电磁阀产生电磁力的大小与电磁阀线圈中的电流大小有关，当电磁阀无电流通过时，弹簧预紧力使球阀紧压在密封座面上。当共轨腔中的燃油压力超过10 MPa时，球阀打开，燃油从PCV处回流到低压回路。在PCV通电后，电磁阀立刻向衔铁施加电磁力，球阀受到弹簧预紧力和电磁阀电磁力作用，衔铁作用在球阀上的力决定了共轨中的燃油压力。电磁阀的电磁力可以通过调整电磁阀线圈中电流的大小来控制，线圈相当于一个感性负载，线圈中的平均电流通过发动机控制单元向PCV发出脉冲调制信号来实现。

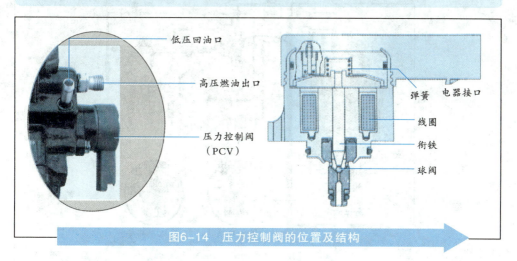

低压回油口
高压燃油出口
压力控制阀
（PCV）
弹簧 电器接口
线圈
衔铁
球阀

图6-14 压力控制阀的位置及结构

五、燃油计量阀

燃油计量阀的结构如图6-15所示，工作原理及特性曲线如图6-16所示。它是一个流量控制阀，是电脑控制共轨燃油压力的执行器。燃油计量阀安装在高压油泵的进油位置，ECU控制其通电时间用于调整燃油供给量和燃油压力值。由供油特性曲线可以看出，计量电磁阀在控制线圈没有通电时，进油计量阀在弹簧力的作用下是全开的，进油量最大；随着流过线圈的电流增大，进油计量阀逐渐关闭，甚至切断向高压油泵柱塞元件的供油。发动机ECU通过脉冲信号（占空比）来改变计量元件进油截面积，从而增大或减小进油量。需要注意的

是，有的燃油计量阀其控制机理可能与此相反，即无电流通过时计量阀是关闭的，为零供油量；有电流通过时计量阀在电磁力作用下逐渐打开。

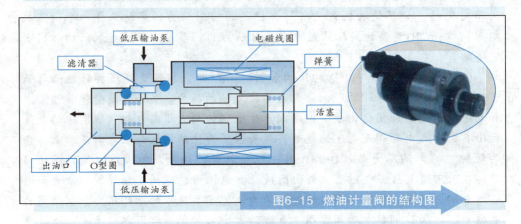

图6-15 燃油计量阀的结构图

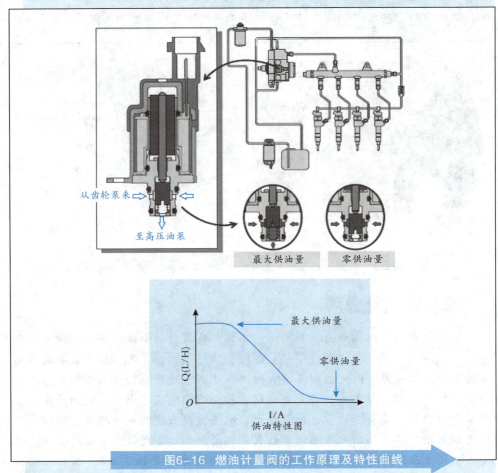

图6-16 燃油计量阀的工作原理及特性曲线

六、共轨组件

图6-17是四缸柴油发动机高压共轨系统的共轨组件，包括轨道本体和安装在轨道上的高压燃油接头、共轨压力传感器、压力限制阀、连接喷油器的流量限制阀等。共轨本身能容纳高达160 MPa以上的高压燃油，材料和高压容积对于共轨压力的控制都是重要参数。

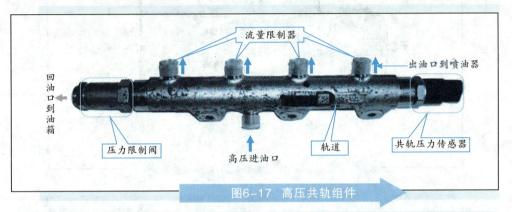

图6-17　高压共轨组件

高压蓄压器（轨道）存贮高压燃油并抑制压力波动，高压蓄压器为所有汽缸所共有，因此将其称作"共轨"。即使有大量燃油排出，共轨也能将其内部压力基本保持不变。

共轨压力传感器的外形和结构如图6-18所示，安装在油轨上。能检测油轨的燃油压力，把轨道内的燃油压力转换成电信号传递给ECU，然后发送信号给发动机ECU，ECU根据轨压控制进油计量阀的动作。这是一个半导体传感器，它利用了压力施加到硅元件上时电阻发生变化的压电效应原理。

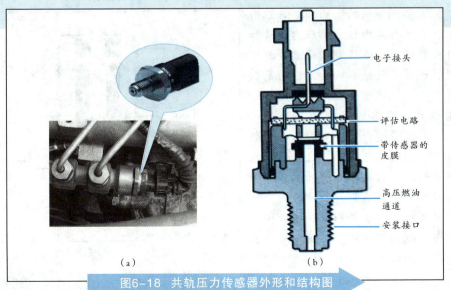

（a）　　　　　　　　　（b）

图6-18　共轨压力传感器外形和结构图

（a）外形图；（b）结构图

压力限制阀的结构如图6-19所示，它主要是由活塞、活塞阀门、阀门弹簧和阀体组成。

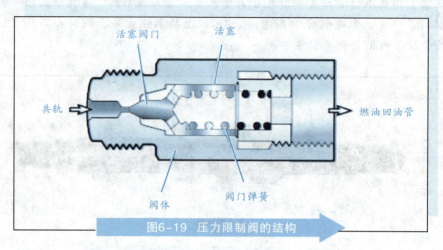

图6-19 压力限制阀的结构

压力限制阀的作用是：

当共轨中的燃油压力异常高时，压力限制阀的阀门打开，连通共轨到低压的燃油回路，实现安全泄压，以保证整个共轨系统中的最高压力不超过极限安全压力。它在压力降低到一定水平之后恢复（关闭）。由压力限制器释放的燃油返回到油箱。

压力限制器的操作压力取决于车辆型号，或者说是发动机型号。

流量限制阀的结构如图6-20所示，它主要是由柱塞、压力弹簧和外壳组成。流量限制阀两端带外螺纹，连接在轨道和去喷油器的高压油管之间。流量限制阀的作用是计量从共轨到各喷油器的燃油量大小。当流量过大时，可以自动切断去喷油器的高压燃油，这是由于在异常情况下需要阻止喷油器常开和持续喷油。为达到这一要求，一旦从轨道输出的油量超过规定的值，流量限制阀就关闭通往这一喷油器的高压油路。

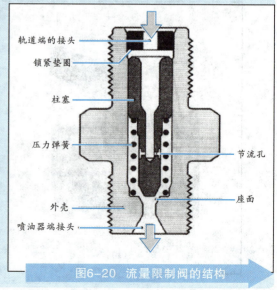

图6-20 流量限制阀的结构

七、高压油管

高压油管用于输送高压燃油，它是由钢材制成并能承受发动机在最大系统压力下的间歇高频压力变化。高压管的形状如图6-21所示。

共轨系统上有两种类型的高压管，一种用于高压油泵上的高压油出口和共轨进油口之间的连接，另一种用于共轨上流量限制阀与喷油器之间的连接。

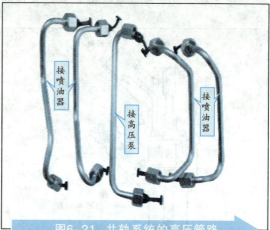

图6-21　共轨系统的高压管路

高压油泵和共轨间的高压油管根数是由油泵的类型决定的，油泵有多少个高压油出口，就有多少根到共轨的高压油管。例如，BOSCH的CP2高压油泵就有两个高压油出口，其结果是与之匹配的共轨管道必须有两个进油口，即两者之间用两根高压油管输送高压燃油。

燃油轨道和喷油器之间的所有高压油管的长度都相同，虽然各缸油管输送距离有所差别，但油管的各弯曲点补偿了各个油管之间的长度差。

八、电控喷油器

电控喷油器是高压共轨系统中最关键和最复杂的部件，也是设计、工艺难度最大的部件。ECU通过控制电磁阀的开启和关闭，将高压油轨中的燃油以最佳的喷油定时、喷油量和喷油率喷入燃烧室。BOSCH共轨系统采用的有不带高压过渡管的整体式喷油器和带高压过渡管的喷油器，两者的外形分别如图6-22、图6-23所示。整体式喷油器由高压油管直接供油，带过渡管的喷油器则是通过过渡管连接喷油器和高压油管。

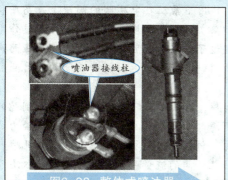

图6-22　整体式喷油器

图6-23　带高压过渡管的喷油器

BOSCH 共轨系统喷油器的结构如图6-24所示，喷油器可以被拆分为一系列功能部件：孔式喷油嘴、液压伺服系统和电磁阀。

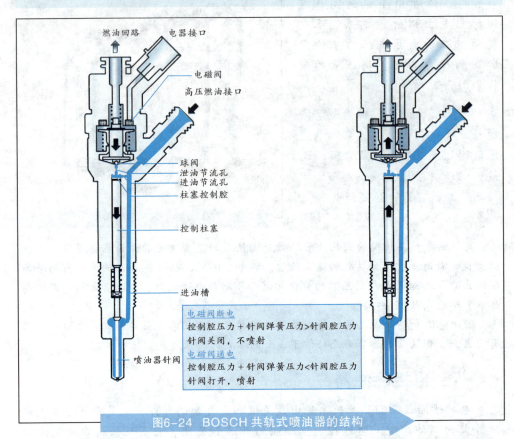

燃油回路　电器接口

电磁阀

高压燃油接口

球阀
泄油节流孔
进油节流孔
柱塞控制腔

控制柱塞

进油槽

电磁阀断电
控制腔压力＋针阀弹簧压力＞针阀腔压力
针阀关闭，不喷射
电磁阀通电
控制腔压力＋针阀弹簧压力＜针阀腔压力
针阀打开，喷射

喷油器针阀

图6-24　BOSCH 共轨式喷油器的结构

◎ 电控喷油器工作原理如下：

　　高压燃油来自于共轨系统的高压油路，经喷油嘴内部的进油槽流向针阀腔，同时经进油节流孔流向柱塞控制腔。控制腔与燃油回路相连，它们之间是一个由电磁阀控制打开与关闭的泄油节流孔。

　　当电磁阀断电时，球阀在阀座弹簧力的作用下紧压在电磁阀的阀座上，高压和低压之间的流通通道（柱塞控制腔与低压回路）被隔断，燃油的高压压力直接作用在柱塞顶部，再加上针阀弹簧的预紧力，超过了它在针阀腔内喷油嘴针阀承压面产生的压力，使得柱塞—针阀向下紧压在喷油器针阀座面上，针阀是关闭的，喷油器不喷射。

　　当电磁阀通电后，电磁力使球阀离开阀座，泄油节流孔被打开，引起控制腔的压力下降，结果，活塞上的液压力也随之下降。一旦液压力与针阀弹簧的预紧力之和降至低于作用在喷油嘴针阀承压面上的力，针阀就会被打开，燃油经喷油孔喷入燃烧室。针阀抬起速度取决于泄油孔与进油孔之间的流量差，针阀关闭速度取决于进油孔流量。

　　喷油器的电磁阀被触发时，对喷油嘴针阀的间接控制采用了一套液压力放大系统，因为快速打开针阀所需的力不能直接由电磁阀产生。实际上打开针阀所需的控制作用，是通过电磁阀打开泄油节流孔使得控制腔压力降低从而打开针阀来实现的。

　　<u>整个喷射过程如下：</u>当电磁阀通电时，针阀抬起，喷射开始；当电磁阀断电时，针阀落座，喷射结束。由于共轨中的压力是稳定的，所以任何时刻喷油器都可以在电磁阀的控制下喷油。整个喷射控制的响应时间包括电磁阀响应时间与液力系统响应时间，这个时间是非常短的，一般为0.1~0.3 ms。

　　带高压过渡管式的喷油器与上述喷油器结构略有变化，它的结构如图6-25所示。这种喷油器阀体上有进油孔与回油孔，而不是进油与回油螺纹接口，回油口流出的燃油一般是通过发动机缸盖上的通道返回至油箱，而进油口紧压着高压过渡管。带过渡管的喷油器其喷射原理与上述喷油器一样，也是通过电磁阀通电打开球阀，使控制腔泄压来打开针阀进行喷射。喷油器的工作原理如图6-26所示。

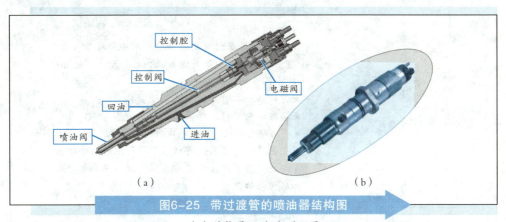

（a）　　　　　　　　　　　　　（b）

图6-25　带过渡管的喷油器结构图

（a）结构图；（b）原理图

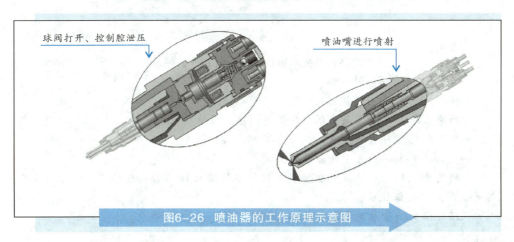

图6-26　喷油器的工作原理示意图

任务三　电控高压共轨系统的维修

一、高压共轨系统的维修

排气和充油

警告！车辆的第一次启动必须进行低压油路和高压油路的排气和充油，如图6-27所示。

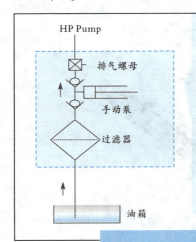

HP Pump
排气螺母
手动泵
过滤器
油箱

步骤:
· 拧松排气螺母
· 压缩手动泵直到有柴油和空气从排气螺母排出
· 拧紧排气螺母，等待进入泵内的柴油达到60 mL
· 排出高压回路的空气
★拧松第一缸喷油器和高压油管接头
★用启动电动机拖动柴油机转动
★在启动电动机允许的单次时间内多次拖动柴油机转动
★直至第一缸接头处有持续的无气泡的柴油流出
★按规定拧紧力矩重新拧紧第一缸高压油管接头
★启动柴油机

图6-27

低压管路要求

低压管路典型技术参数/Typical LPC Parameter

→目的:保证输油泵进口压力
→概念:沿程损失与节流损失
→所有管路直径必须满足压力和低压油路的设计要求
→所有管路尽可能的平直，尽可能减少接头的数量
→进回油管末端应置于油箱最低液面之下
→所有参数均依赖于发动机和整车的低压油路设计，必须在整车上进行极限条件的低压油路认证试验

低压管路的油管相关参数如表6-1所示。

◎ 表6-1 低压管路的油管相关参数

	油管内径/mm	允许油管长度/mm	允许压力/bar
燃油箱进油管	≥12	≤10	0.5~1
燃油箱回油管	≥12	≤10	≤1.2

回油管必须在液面以下，且与进油管间距 > 300 mm。

 维修注意事项：

　　系统对低压油路有非常高的要求，从油箱到泵箱过程中包括油水分离器和输油泵。其中油水分离器的保养行程大概在12 000 km，属于消耗品。现在国内大部分的燃油不能保证清洁度，达不到欧Ⅲ燃油标准，非常容易导致油水分离器堵塞，严重的情况下可能会出现输油泵的工作能力下降和油泵柱塞卡死的故障。系统要求油水分离器的过滤精度为30 μm、精滤器的过滤精度为5 μm，在保养过程中不可用常规滤清器代替。

　　柴油发动机要达到国家排放标准，不光是对燃油有较高的要求，而且对进气量要求也比较高。增压器前面是空滤，后面是中冷箱，空滤保养情况对进气量的影响非常大，长时间在恶劣的环境下行驶，空滤容易积灰堵塞。因此，对空滤芯要进行定期的保养。

　　整个系统不得与其他发动机部件有任何干涉情况。芯整车线束、各个传感器和电磁铁驱动接线不得与其他线路捆绑在一起，发动机的水管不得与凸轮传感器接触，进气管与压力传感器不得出现摩擦等现象。

　　车辆运行一段时间后，离合器与飞轮长时间咬合出现磨损，会导致飞轮壳内出现大量碎片和灰，吸附在曲轴传感器上，出现冒烟或油耗上升的现象，因此在车辆保养过程中，注意清扫飞轮壳内的杂物，保证发动机的正常运转。

　　发动机或车辆在进行其他的带电操作前（例如：焊接），必须切断对ECU的供电线路（断开蓄电池的正极），并将ECU拆离发动机或车辆。

　　发现电控单元损坏时，应对其进行整体更换，并送售后服务部门维修和处理。严禁私自打开控制壳体及维修。

常见故障现象
● 发动机不能启动
● 柴油机功率不足
● 柴油机排气冒烟
● 柴油机突然熄火
● 柴油机转速不正常

● **发动机不能启动**

该现象主要从油路和电路上来考虑：首先要看故障诊断开关是否常开，电

控单元能否联机（保险和电源电压），有没有转速传感器故障，电磁铁是否工作并且要保证整个油路没有空气（油路是否堵塞），再看启动转速是否大于150/min。

当然不排除油泵卡死、相位不对和长时间工作后缸盖漏气的问题。

如何检查油路漏气和排气：从低压油路组成上来看，有两个地方能排气，输油泵和油水分离器。最好是在油水分离器上压油和在喷油器前放气。

低压油路上大多采用的是软管，不容易爆裂和折断。主要检查油箱口、油水分离器、输油泵、回油阀和各个连接头是否漏气。

● 柴油机功率不足

该现象主要从油路、气路和断缸上来考虑：油箱出油管底部的滤网在输油泵的吸力下易碎，导致油箱转接口堵塞。使用劣质燃油后造成油水分离器堵塞和叶片式输油泵磨损或者油水分离器长期不进行保养等情况都会导致发动机功率不足。

燃油和冷却水温度高（≥95 ℃）时电控单元会限制发动机功率。

从监控界面上观察自由加速情况：最高转速、进气压力及进气量，该数据与机型配置有关。如玉柴G5800最高转速2 400/min，进气压力150 kPa。

长时间在恶劣的环境下（建筑工地、矿山等）没有定期保养空滤，造成空滤堵塞或增压器叶片磨损，中冷器出现裂缝或散热叶片不均匀等情况都会导致发动机功率不足。

断缸检查发动机各缸工作情况：发动机机械、喷油器工作是否正常。

发动机气门间隙不对（间隙过大或过小）、曲轴传感器吸附铁屑、中冷后压力温度传感器安装接插件接触不良或传感器坏了都会导致发动机功率不足。

● 柴油机排气冒烟

主要分黑烟、蓝烟和白烟。

某缸出现工作不良（如喷油泵不工作或喷油能力下降，喷油器有积碳或滴油现象），进气量不足和超重行驶都会导致排气冒黑烟。

增压器漏机油、相位出现偏差或曲轴传感器吸附铁屑都会导致排气冒蓝烟。

另外使用掺水的燃油或油水分离器严重堵塞的情况下还会导致排气冒白烟。

● 柴油机突然熄火

主要在电路和油路上出现问题：凸轮转速传感器间隙不对或坏掉，16芯插头和地线出现接触不良的现象；还有就是由于发电机控制线断裂出现电压过高烧坏电控单元都会突然熄火。

油路出现漏气现象，如油管在外力的作用下脱落。

●发动机转速不正常

发动机怠速和最高转速不够，在发动机内部没有异常的情况下，一般都是缺缸导致的。如柱塞泵和喷油器工作不好、不工作或电控单元出现工作失常等现象。

发动机超速（飞车）：主要在下雨天线束上的16/81芯和55/121芯插头出现大量泥水或电控单元插座上漏燃油造成短路，出现飞车现象。

二、常见故障案例

案例一

故障现象

大柴6DF发动机不能启动。

故障分析/处理

据司机反映近半个月来早上都要启动两三次才能启动成功。马上进行排气，发现油路一直都有气泡，采取排除法，发现输油泵出油口冒气泡，更换后无气泡。启动发动机时，发现发动机转速只有100/min，更换启动电动机后顺利启动。

案例二

故障现象

大柴6DF发动机不能启动。

故障分析/处理

司机反映前一天怠速有点抖动，但是加油后就正常了。检查发现油路有空

气，排完后启动成功，但是几分钟后就熄火了，油路又出现气泡，排除法没有发现哪里有明显的漏气现象，把输油泵进油管直接插入油箱后问题解决了。拆下油水分离器总成，发现手泵上的皮膜有沙眼，导致漏气不能启动。

案例三

故障现象

公交836车队某公交车出现无法启动的现象。

故障分析/处理

据司机反映，当天更换过3个保险盒，还是出现无法启动的现象。首先对电瓶、发电机做电压测量，没有发现异常现象，对线路进行检查时发现发电机的控制线断裂，在行驶中发现发电机瞬间电压太高，导致保险盒和电控单元烧坏，更换保险盒和电控单元并接好发电机控制线，故障解决。

案例四

故障现象

玉柴4E试验车（柳汽乘龙）在运行了50 000 km后不能启动。

故障分析/处理

司机说发动机是突然熄火的，然后就不能启动了。马上启动发现启动器正常，没有发现油路有漏气现象，最后通过故障诊断仪发现凸轮传感器发生故障，传感器线束没有固定而被驾驶室压断，导致电控单元没有凸轮转速信号，发动机不能启动。

案例五

故障现象

车队大量公交车出现无力和冒黑烟。

故障分析/处理

据车队反映，此现象是当天才产生的。对气路做检查没有发现问题，在检查油路时发现好几台车的油水分离器里面杂质和水分比较多，更换后明显好转，由于该现象比较突出，对车的燃油渠道和储备方式做了了解，得知车队的大油罐一年都没有清洗过，现在使用的燃油不是在正规加油站购买的，并且该燃油没有经过沉淀就立即使用了。

案例六

故障现象

某公交车出现无力和发动机抖动。

故障分析/处理

据司机反映，无力和在怠速时发动机有点抖，并说有电线断裂了。观察发现第一缸红色控制线断裂，造成第一缸不工作和电控单元限制发动机功率，出现无力和发动机抖动的现象。

案例七

故障现象

公交327车队某公交车出现高速跑不起来。

故障分析/处理

据司机反映，此现象是慢慢产生的，首先对发动机作断缸检查，没有发现问题，再对增压器及整个气路作检查，发现进气量严重不足，进气管在与发动机的长时间接触后出现漏气现象，安装支架和焊接后故障排除。

案例八

故障现象

某公交车出现无力和冒黑烟。

故障分析/处理

据司机反映，此现象是慢慢产生的，首先对发动机作断缸检查，没有发现问题，再对增压器及整个气路作检查，也没有发现故障；对油路进行摸排检查，发现油水分离器积聚了大量泥沙，造成供油不畅，导致燃油温度过高，出现车辆无力和冒黑烟的现象。

故障现象

玉柴G5800发动机出现无力和冒蓝烟。

故障分析/处理

通过故障诊断仪测量相位，没有出现偏差，拆下增压器进气管，发现增压器叶片轴出现横向偏移，叶片上有大量的机油，增压器工作能力下降，导致进气量不足和机油泄漏并进入燃烧室，出现发动机无力和冒蓝烟的现象。

课题小结

1. 高压共轨电喷技术是指在高压油泵、压力传感器和电子控制单元组成的闭环系统中，将喷射压力的产生和喷射过程彼此完全分开的一种供油方式。

2. 高压共轨式电控发动机主要由低压燃油系统、共轨压力控制系统、燃油喷射控制系统与发动机管理系统4个部分组成。

3. 全球三大柴油高压共轨系统研发商主要为德国的博世（BOSCH）、日本的电装（DENSO）、美国的德尔福（DELPHI）。

4. 博世高压共轨发动机燃油系统由低压供油与高压供油组成，低压部分为高压部分提供足够的燃油；高压供油部分除产生高压燃油外，还进行燃油分配和燃油压力测量。

5. 燃油计量阀安装于高压油泵的进油位置，ECU通过控制通电时间来调整燃油供给量和燃油压力值。

6. 共轨组件包括轨道本体和安装在轨道上的高压燃油接头、共轨压力传感器、压力限制阀、连接喷油器的流量限制阀等。

7. 共轨压力传感器是一个半导体传感器，利用了压力施加到硅元件上时电阻发生变化的压电效应原理。

8. 博世共轨系统的喷油器分为不带高压过渡管的整体式喷油器和带高压过渡管的喷油器两种，整体式由高压油管直接供油，带过渡管的喷油器通过过渡管连接喷油器与高压油管。

思考与练习

一、填空题

1. 高压共轨式电控发动机系统由＿＿＿＿＿＿＿＿＿＿＿、＿＿＿＿＿＿＿＿＿＿、＿＿＿＿＿＿＿、＿＿＿＿＿＿＿＿4个部分组成。

2. 目前三家提供柴油高压共轨技术的主要公司分别是＿＿＿＿＿＿＿＿＿＿＿、＿＿＿＿＿＿＿＿＿、＿＿＿＿＿＿＿＿＿＿＿＿＿。

二、简答题

1. 简述高压共轨技术的发展情况。

2. 博世高压共轨系统有些什么特点？

3. 高压共轨系统中，压力限制阀与流量限制阀的作用是什么？

课题七 电控柴油机进排气控制系统

● [学习任务]

1. 掌握各种类型涡轮增压器的结构与工作原理。
2. 掌握EGR系统的组成与工作原理。
3. 掌握发动机尾气处理的方法及部件的工作原理。

● [技能要求]

1. 熟悉和了解涡轮增压器的构造特点。
2. 掌握涡轮增压器的拆装与维修方法。
3. 掌握EGR系统主要部件的构造特点。
4. 掌握EGR系统故障排除方法。
5. 掌握发动机尾气处理部件的检修方法。

任务一　进气控制系统

　　新的汽车尾气排放法规日益严格，要求柴油机的微粒（碳烟）和氮氧化物排放量大幅降低，这就对柴油机的控制系统提出了不小的挑战，使得柴油机也必需实行闭环控制。现在生产的柴油机上已经采用了电子控制的进排气系统，比较典型的有可变截面涡轮增压系统、废气再循环系统、发动机闭环喷油控制和尾气排放处理系统。采用增压中冷、排气再循环和尾气处理装置的柴油机能达到国家规定的国Ⅲ排放标准及欧洲的欧Ⅲ~欧Ⅴ排放标准。

一、涡轮增压器的工作原理

　　涡轮增压技术就是采用专门的压气机将气体在进入汽缸前预先进行压缩，提高进入汽缸的气体密度，减小气体的体积。这样在单位体积里，气体的质量就大大增加了，可以在有限的汽缸容积内喷入更多的燃油进行燃烧，从而达到提高发动机功率的目的。

　　涡轮增压器是一种利用发动机排气中的剩余能量来工作的空气泵。废气驱动涡轮叶轮总成，它与压气机叶轮相连接，如图7-1所示。当涡轮增压器转子转动时，大量的压缩空气被输送到发动机的燃烧室里。由于增加了压缩空气的

重量，就可以使更多的燃油喷入到发动机，使发动机在尺寸不变的条件下而产生更高的功率。

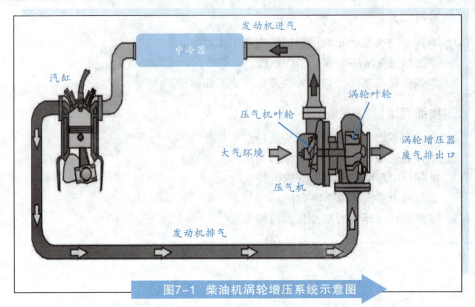

图7-1 柴油机涡轮增压系统示意图

涡轮增压可以提高空气的密度，空气密度的提高必然会使空气温度也同时增高，这如同给轮胎打气时压缩泵会发热一样。发动机涡轮增压器的出风口温度也会随着压力增大而升高，温度提高反过来会限制空气密度的提高，要进一步提高空气密度就要降低增压空气的温度。据实验显示，在相同的空燃比条件下，增压空气温度每下降10 ℃，柴油机功率能提高3%~5%，还能降低排放中的氮氧化合物（NO_x），改善发动机的低速性能。因此，也就产生了中间冷却技术。

柴油机中间冷却技术的类型分两种，一种是利用柴油机的循环冷却水对中冷器进行冷却，另一种是利用散热器冷却，也就是用外界空气冷却。当利用冷却水冷却时，需要添置一个独立循环水的辅助系统才能达到较好的冷却效果，这种方式成本较高而且机构复杂。因此，汽车柴油机大都采用空气冷却式中冷器。

空气冷却式中冷器利用管道将压缩空气通到一个散热器中，利用风扇提供的冷却空气强行冷却。空气冷却式中冷器可以安装在发动机水箱的前面、旁边或者另外安装在一个独立的位置上，它的波形铝制散热片和管道与发动机水箱结构相似，热传导效率高，可将增压空气的温度冷却到50 ℃ ~ 60 ℃。

二、废气涡轮增压对排放的影响

▶1.对CO排放的影响

柴油机中CO是燃料不完全燃烧的产物，主要在局部缺氧或低温下形成。

柴油机通常工作在稀燃条件下，涡轮增压技术使过量空气系数变大，燃料雾化和混合得到改善，使燃料燃烧更充分，CO排放量进一步降低。

▶ 2.对HC排放的影响

柴油机中的HC主要是由原始燃料分子、分解的燃料分子以及燃烧反应中的中间化合物所组成，少部分由窜入汽缸的润滑油生成。增压后进气密度增加，过量空气系数变大，可以提高燃油雾化质量，减少沉积于燃烧室壁面上的燃油，HC排放量减少。

▶ 3.对NO_x排放的影响

NO_x的生成主要取决于燃烧过程中的浓度、温度和反应时间。柴油机单纯增压后，因空气系数增大和燃烧温度升高而导致NO_x排放增加。因此常在增压的同时配合减少压缩比、推迟喷油、废气再循环等方式，降低NO_x的排放。采用进气中冷技术可以大大降低增压后进气温度，有效控制燃烧温度，利于减少NO_x的排放量。

▶ 4.对微粒排放的影响

影响微粒生成的原因较复杂，主要受过量空气系数、燃油雾化质量、喷油速率、燃烧过程和燃油品质影响。通常有利于降低NO_x的措施都不利于微粒的排放。增压后，进气密度增加，充量增大，配合中冷技术、高压燃油喷射、电控共轨喷射、多气门技术等，可更有效地控制微粒的排放。

▶ 5.对CO_2排放的影响

CO_2是重要的温室气体，可导致全球气温升高。同时，CO_2的排放也是衡量发动机燃油经济性的指标。增压柴油机充分利用了废气的能量，经济性高，整机的平均有效压力增加，CO_2排放优于汽油机。

三、涡轮增压器的结构

废气涡轮增压器装置的结构如图7-2所示，涡轮增压器是由废气驱动的涡轮、径流式压气机和废气旁通阀机构组成的。涡轮和压气机分别被安装在轴的两头并有各自的铸造壳体，轴本身被安装在中间壳中并由中间壳来支撑。中间壳的两侧分别同压气机壳和涡轮壳相连接，典型的涡轮增压器转速可以

在1×10^5 r/min以上。而废气旁通阀机构可以是普通的压力控制，也可以是电子控制，采用电子控制的涡轮增压器响应特性较好。

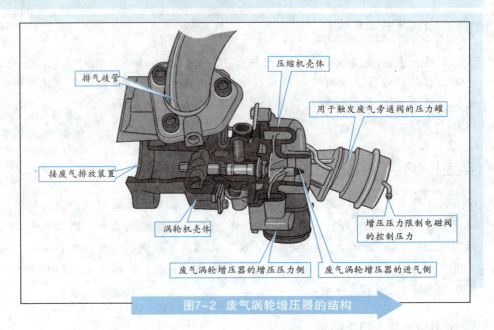

图7-2 废气涡轮增压器的结构

长城的GW2.8TC涡轮增压器的组成部件如图7-3所示，它是由涡轮、径流式压气机、中间壳、转子总成和旁通阀等组成的。

图7-3 GW2.8TC涡轮增压器的组件

GW2.8TC涡轮增压器的涡轮部分主要包括涡轮壳、单级径流式涡轮，其部件结构如图7-4所示。它是一个能量转换器，当柴油机排出的废气经过涡轮壳喷向涡轮叶轮时，将废气的热能及压力能转变成增压机构的动能，从而使涡轮高速旋转。

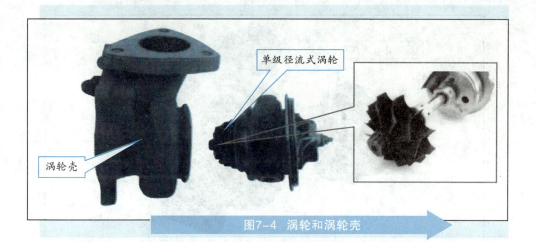

图7-4 涡轮和涡轮壳

如图7-5所示，中间壳是支撑转子总成及固定涡轮壳、压气机壳的中间支撑体，也是润滑和冷却浮动轴承的润滑油箱。

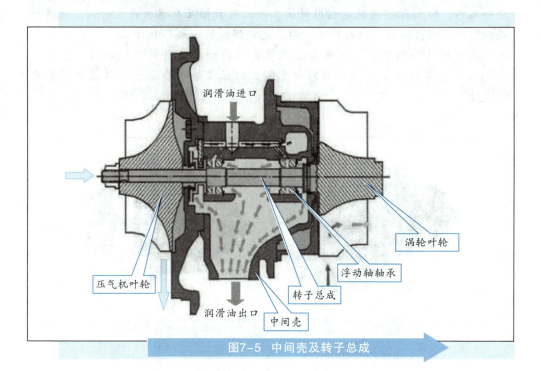

图7-5 中间壳及转子总成

涡轮增压器的压气机部分主要包括单级离心式压气机叶轮和压气机壳体，其结构如图7-6所示。

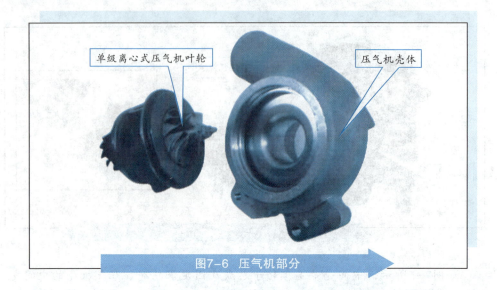

单级离心式压气机叶轮　　　压气机壳体

图7-6　压气机部分

　　涡轮、叶轮与涡轮轴的连接如图7-7所示。涡轮轴与涡轮是采用摩擦焊连成一体的。所谓摩擦焊就是利用焊接工件的表面相互摩擦所产生的热，使接触端面达到热塑性状态，然后迅速顶锻，完成焊接的一种压焊方法。

　　压气机叶轮则是以过渡配合方式装在涡轮轴上，并用自锁螺母压紧的。整个转子总成经过了非常精确的动平衡，以保证转子在高速运转情况下的正常工作。

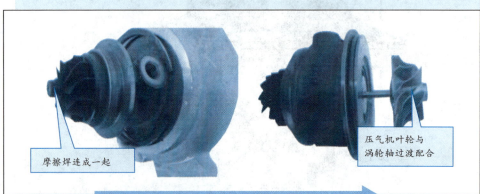

摩擦焊连成一起　　　压气机叶轮与涡轮轴过渡配合

图7-7　涡轮、叶轮与涡轮轴的连接

　　增压器转子总成的支撑如图7-8所示，转子总成采用内支撑，即两个全浮式浮动轴承布置在两叶轮之间的中间体上，转子的轴向力由固定在中间体上的止推轴承装置承受。

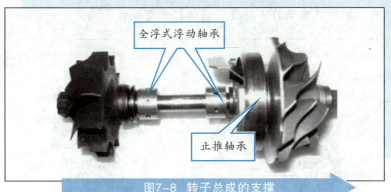

全浮式浮动轴承

止推轴承

图7-8 转子总成的支撑

　　排气旁通阀的结构如图7-9所示，此旁通阀的工作是由增压压力来控制的。旁通式增压器具有低速大扭矩并能兼顾高低速性能的优点。当增压压力达到预定值时，旁通阀打开，将部分多余废气排掉，控制涡轮增压器增压比，在高速范围通过旁通阀放气以免增压器转子超速或增压压力过高而引起汽缸内燃油压力过大，加剧柴油机的机械负荷。

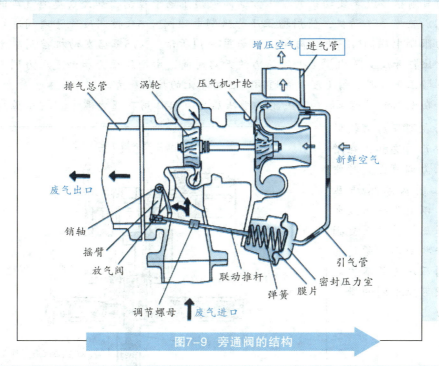

增压空气 进气管

排气总管　涡轮　压气机叶轮

新鲜空气

废气出口

销轴

摇臂

放气阀

联动推杆　　　引气管

弹簧 膜片　密封压力室

调节螺母　废气进口

图7-9 旁通阀的结构

　　旁通阀的开闭由增压压力自动控制，其工作原理如图7-10所示。压气机出口的增压压力引入旁通阀调节器的密闭压力室内，当增压压力达到或超过规定值时，气压推动膜片克服左边的弹簧力，与联动推杆一起向左移动，推动摇臂

绕销轴旋转，使放气阀开启，实现排气旁通阀放气，控制增压器转速的上升，使发动机汽缸内的爆发压力不超过发动机机械负荷的允许值。

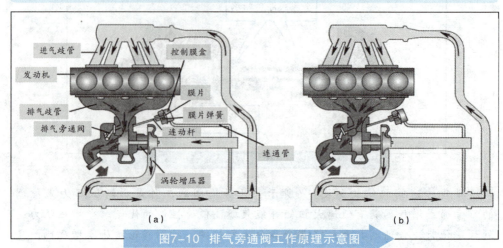

进气歧管
发动机
控制膜盒
排气歧管
膜片
排气旁通阀
膜片弹簧
连动杆
连通管
涡轮增压器

（a）

（b）

图7-10 排气旁通阀工作原理示意图

（a）排气旁通阀关闭；（b）排气旁通阀打开

目前很多汽车发动机的增压旁通阀采用了电子控制，如大众奥迪汽车的一款双涡轮增压发动机，使用增压压力限制电磁阀N75来控制废气旁通阀。增压压力限制电磁阀N75的结构和接口如图7-11所示，N75根据发动机控制单元的占空比信号改变压力罐至大气压力的开启时间，由增压压力和大气压力调节作用在增压压力调节阀（废气旁通阀）压力罐上的控制压力。

在无电流状态下，N75关闭，增压压力直接作用在压力罐上。增压压力调节阀在增压压力较低时打开。这样，在增压压力调节失灵时便会限制基本增压压力，以避免超出最大增压压力，结果会损失一些功率。所谓基本增压压力是不用调节便可以达到的增压压力。

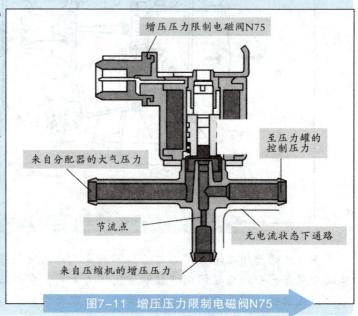

增压压力限制电磁阀N75
来自分配器的大气压力
至压力罐的控制压力
节流点
无电流状态下通路
来自压缩机的增压压力

图7-11 增压压力限制电磁阀N75

在没有压力的情况下，压力罐中的一个弹簧使废气旁通阀保持关闭。所有的废气流通过涡轮机导引，并建立起增压压力。

如图7-12所示，当控制压力达到规定值时，克服此弹簧力并打开废气旁通阀。一部分废气流由废气旁通阀引导绕过涡轮机，增压压力不再继续升高。

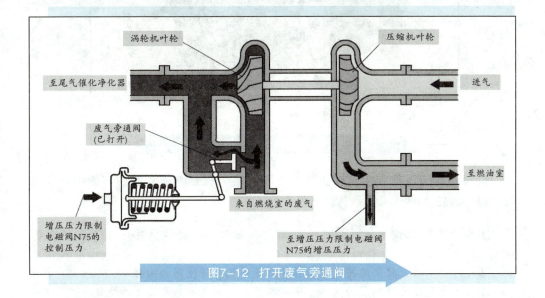

涡轮机叶轮　压缩机叶轮

至尾气催化净化器　进气

废气旁通阀（已打开）

来自燃烧室的废气　至燃油室

增压压力限制电磁阀N75的控制压力

至增压压力限制电磁阀N75的增压压力

图7-12　打开废气旁通阀

四、可变截面涡轮增压器（VNT）

 ### 1. 可变截面涡轮增压器的优点

普通的增压器特性往往不能够兼顾柴油机的高速工况和低速工况。柴油机的转速较低时，由于汽缸燃烧频率低，废气流量和能量相对较小，很难将涡轮和增压器的转速提高到期望的水平，即最终的增压压力难以提高，涡轮的响应性较差；而当柴油机的转速较高时，由于废气流量和能量都较高，导致涡轮速度过高，涡轮增压器将产生过高的增压压力，使系统的可靠性和寿命下降。为了兼顾高速和低速工况，可变截面的涡轮增压器（VNT）得到了应用。可变增压机构依照发动机转速来改变涡轮增压器的增压值，因而能改善涡轮的响应性。可变增压技术主要使用在柴油涡轮增压发动机上，使用在汽油涡轮增压发动机上效果不太明显。图7-13，为奥迪V8 4.0 TDI发动机涡轮增压器的剖视图，为了保证涡轮增压器在较低转速时做出快速响应，导流板的调节是通过一个电动调节器来实现的。

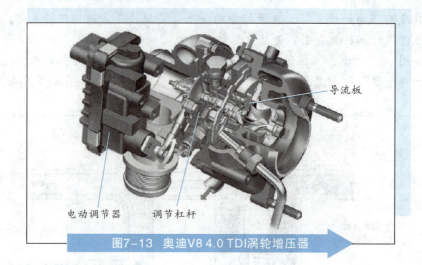

图7-13 奥迪V8 4.0 TDI涡轮增压器

导流板

电动调节器　　调节杠杆

　　这种涡轮增压器采用可调式叶片（导流板）代替旁通支路，可调式叶片控制作用在涡轮上的气流量，其优点是：

　　①由于废气流量由可调式叶片控制，在发动机转速较低时也可保证大功率输出。
　　②作用于涡轮上较低的排气背压可降低发动机高转速时的油耗。
　　③由于充气压力达到最佳状态，从而在整个转速范围内提高了燃烧效率。

 ## 2. 可变截面涡轮增压器的工作原理

　　如图7-14所示，有两个通风管路，一个管子的截面积是不变的，另一个的截面积一端变小，如果两个管子内的气流压力相同，气体流过变截面管的速度要比等截面管的速度快很多。可变截面涡轮增压器就是采用这一原理工作的。

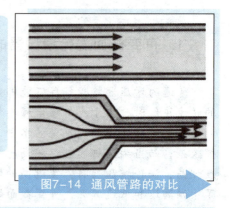

图7-14 通风管路的对比

　　可调式涡轮增压器工作示意图如图7-15所示，当发动机低转速时，因排气量小使废气流速减慢，涡轮转速随之降低，导致充气压力下降。此时驱动装置使叶片轴正时针旋转一定角度，由此减小了废气流通截面积，使其流速加快，涡轮转速也随之加快。这样即使发动机转速低时涡轮转速也很高，仍能产生足够的充气压力。

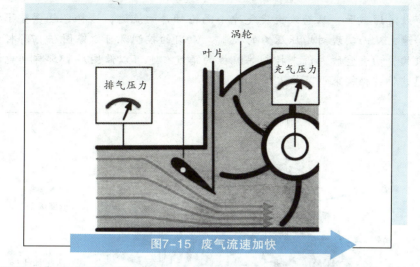

图7-15　废气流速加快

图7-16是当发动机高转速时，因排气量大使废气流速加快，此时驱动装置使叶片轴逆时针旋转一定角度，由此增加了废气流通截面积，使其流速减慢，涡轮仍保持同样转速，充气压力保持恒定。

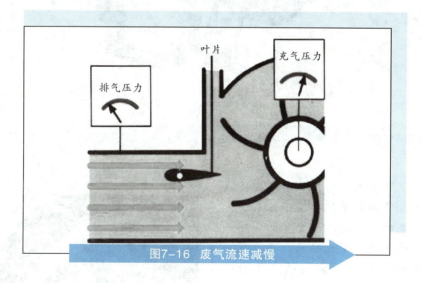

图7-16　废气流速减慢

3. 可变截面涡轮增压器的结构

典型的可变截面涡轮如图7-17所示，发动机燃烧产生的废气经废气入口进入涡轮，在导流板的作用下，经过喷嘴环截面冲击涡轮叶片，对其做功后从涡轮的废气出口流出。压气机利用涡轮传递来的动能压缩新鲜空气，实现废气涡轮的增压过程。喷嘴环截面有很多圆周均布的导流板，导流板能够调整喷嘴环

的有效流通截面，从而改变废气冲击涡轮叶片的流速，这样也就调整了涡轮轴的转速，从而实现对增压压力的控制。VNT的控制既可以像图7-17那样利用杠杆机构，由真空膜片阀来控制导流板的角度，也可以像图7-13那样由电机执行器通过杠杆机构来调节导流板的角度。

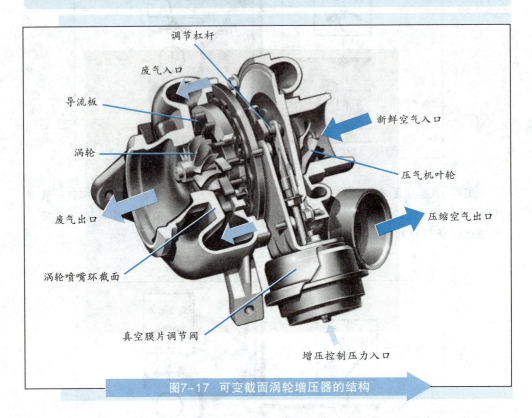

图7-17 可变截面涡轮增压器的结构

当发动机转速较低时，由于排出废气的流量较小，不容易推动涡轮叶片。这时可变截面涡轮系统的导流板发生转动，导流板与涡轮叶片圆周方向的夹角变小，如图7-18所示，废气流速增大，从而提高了涡轮转速，流速加快，这样更容易推动叶片。

图7-18 导流板转动角度变小

在转速高的时候气体流量充足，涡轮可以获得最大增压值。这个时候导流板与涡轮叶片圆周方向的夹角变大，如图7-19，涡轮进气口截面变大，从而使涡轮转速和充气压力保持不变，使增压压力不至于过高。

图7-19 导流板转动角度变大

任务二 柴油机排放控制系统

一、废气再循环系统的工作原理

EGR是Exhaust Gas Recirculation三个英文单词的缩写，意思是废气再循环系统。EGR系统如图7-20所示，它的工作原理是将一定量的废气引入到进气系统中，使得进气充量中惰性气体（H_2O蒸气，N_2和CO_2等）的比例增加。由于这些惰性气体不参加燃烧，且具有较高的比热容，可以吸收燃烧放出的热量，从而使发动机最高燃烧温度下降。同时，废气的加入，也降低了进气中的氧浓度，破坏了NO_x的生成条件，抑制了NO_x的生成。

EGR系统通过控制参与再循环的废气量来减少尾气中的NO_x的排放量。当发动机达到一定的温度时，ECU根据发动机的负荷和转速决定再循环的废气量，并由发动机的进气温度、进气流量、进气压力来修正，ECU发出控制电子真空转换装置的占空比信号，通过改变真空度控制EGR动作。在废气再循环系统中，废气再循环压力总是高于进气管压力的，因此废气才能进入进气管中。

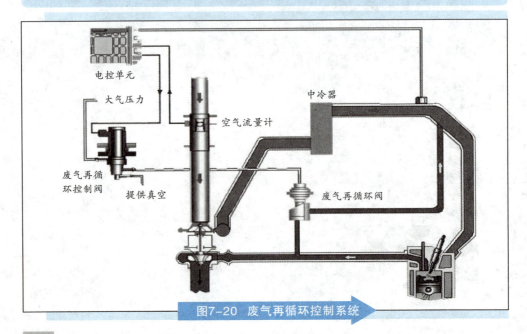

图7-20 废气再循环控制系统

在增压控制系统中，增压后空气一般接有中冷器，中冷器用于降低进气温度。根据是否带有中冷器将EGR系统分为冷EGR与热EGR。热EGR会使进气温度升高，导致缸内燃烧温度大幅度升高，抵消了EGR降低NO_x的作用。试验证明，热EGR和冷EGR相比，其碳烟、CO、CO_2和HC的排放量要高。此外，温度较高的废气会对进气系统的充气量产生影响。因此，必须对再循环的废气进行冷却处理。

根据冷却方式的不同，又分为水冷却EGR和空气冷却EGR。例如，在奥迪的3.0 TDI发动机上，为了能有效减少废气中的颗粒和氮氧化物（NO_x），在发动机暖机时，废气由一个冷却器来冷却，如图7-21所示，该冷却器内部充满流动的水且可由开关控制。

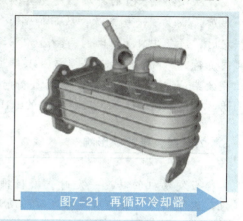

图7-21　再循环冷却器

当发动机在冷机状态时，冷却器内的旁通阀打开，如图7-22所示，废气不需进入冷却通道，而是从旁通管道经过，进入进气管，废气再循环直接进行，以便能以最快速度使发动机暖机，加热催化净化器。

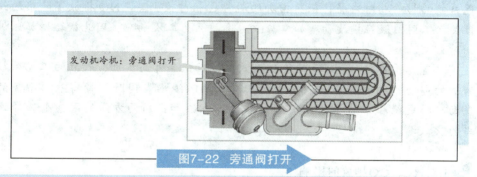

发动机冷机：旁通阀打开

图7-22　旁通阀打开

当发动机暖机，进入正常工作状态时，其排气温度较高，冷却器内的旁通阀关闭，如图7-23所示，废气被强制通过用水冷却的废气再循环冷却器。

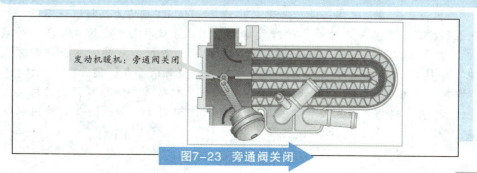

发动机暖机：旁通阀关闭

图7-23　旁通阀关闭

二、废气再循环对排放的影响

▶ 1.对NO$_x$排放的影响

废气再循环技术降低了燃烧室内可达到的最高燃烧温度，减少了进气充量，从而抑制NO$_x$的排放。废气再循环技术降低了燃烧室内可达到的最高燃烧温度，减少了进气充量，从而抑制NO$_x$的排放。实验表明，当发动机的转速一定时，废气中NO$_x$的比例，会随废气再循环率的增加而降低。当发动机处于不同负荷时，NO$_x$排放下降率与EGR率呈近似线性关系。较大的废气再循环率会导致柴油机动力下降，在中高负荷时，EGR率较低，在小负荷时，EGR率较高，根据不同的工况，选择适当的EGR率。

▶ 2.对微粒排放的影响

当发动机的转速一定时，微粒排放量会随EGR率的变化而变化。一般来说，废气的引入会造成进入汽缸的新鲜空气减少，易造成局部缺氧和燃料燃烧不完全，引起微粒的增加。随着EGR率的增加，发动机排出的微粒也随之增加。但实际上中、高负荷时，喷油较多，燃烧时间较短，EGR率对过量空气系数的影响较大，微粒增加幅度较大。在小负荷时，喷油较少，EGR率对过量空气系数的影响相对减弱，微粒增加的趋势也相对较小。与NO$_x$排放下降率的线性关系不同，微粒排放量增加率与EGR率关系为二次响应，因此微粒增加比例相对更大。

随着废气的引入，NO$_x$排放会降低，微粒值会升高，负荷较大的工况微粒增加的趋势很明显，应限制高负荷工况下的EGR率。同时，带有EGR系统的发动机排气微粒中的HC成分较少。需综合NO$_x$和微粒两方面的因素来选择适当的EGR率。

▶ 3.对HC、CO排放的影响

在发动机转速一定的情况下，随着EGR率的增加，发动机尾气中HC与CO的排放变化关系较为一致，呈现上升趋势。HC和CO均为燃料燃烧不充分所产生的排放物。当充入汽缸内的废气增加，必然导致参与燃烧的氧气量相对减少，燃料燃烧条件恶化。HC排放在中高负荷时呈现增加趋势，在小负荷时呈现下降趋势。HC排放主要来自滞燃期内形成的极稀混合气，因此HC排放与滞燃期时间长短有关。负荷越低，滞燃期内形成的极稀混合气越多，发动机排气中HC的浓度越高。在同样低负荷时，废气回流率越大，加热进气的作用越明显，滞燃期将缩短，对改善HC排放有利。

4.对CO_2及燃油消耗率的影响

试验表明，当发动机的EGR率增加时，过量空气系数有所降低，CO_2的排放量及燃油消耗率只有很小波动，基本保持不变。

三、废气再循环系统的检修

1. 宝来TDI发动机废气再循环系统的检查

废气再循环电磁阀N18的检查

宝来TDI发动机的废气再循环系统按一定比例将废气与新鲜空气混合后提供给发动机，从而降低燃烧温度并减小氮氧化合物的生成量。用于调节废气再循环的真空由脉冲负载信号设定，发动机控制单元通过激活废气再循环阀来控制返回的废气量。N18电磁阀及控制电路如图7-24所示。

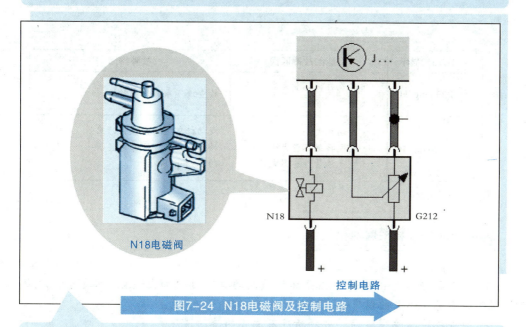

图7-24　N18电磁阀及控制电路

如果控制信号失效，则发动机功率下降，废气再循环失效。检修废气再循环电磁阀N18时，参照以下检测方式。

●用真空测试仪检测电磁阀真空度，刚开始时无真空，电磁阀开始工作后将有真空产生。

- 测量电磁阀电阻，电磁阀本身电阻标定值为14～20 Ω。
- 可以在08数据块中读取废气再循环显示值，数据显示如表7-1。

表7-1　怠速时显示数组003（发动机热态，冷却液温度不低于80℃）

读取数据块003　　　→ xxxxr/min　xxxmg/H　xxmg/H　xxx%	<屏幕显示 理论值	评价
1→发动机转速	860…940 r/min	—
2→进气量(理论)	230…420 mg/H	如表7-2
3→进气量(实际)	230…420 mg/H	如表7-3
4→废气再循环控制阀占空比	10…95%	

表7-2　评价：显示数组003，显示区域2-进气量（理论）

-VAG1552显示	可能的故障原因	故障排除
大于420 mg/H	发动机太冷	允许发动机以较高转速暖机后重新检查

表7-3　评价：显示数组003，显示区域3-进气量（实际）

-VAG1552显示	可能的故障原因	故障排除
低于230 mg/H	·废气再循环量太多 ·漏气	检查进气系统的密封性
大于420 mg/H	·发动机太冷 ·废气再循环量太少 ·空气流量传感器失效	发动机怠速运转较长时间 检查传感器，这时将显示一个常数 约539 mg/H

▶ 废气再循环机械阀的检查

　　检查再循环量：在废气再循环机械阀的真空接口加上51 kPa的真空，应出现怠速不稳或熄火的现象。

　　检查机械阀隔膜运动、破损情况及隔膜的清洁情况。

　　检查废气再循环孔及真空软管。阀底容易产生积碳使再循环通道受阻或泄漏，清洗时须更换垫圈并涂锂基润滑脂。

　　阀芯剧烈运动、阀门全开将使发动机动力性下降，甚至熄火。

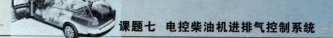

2. 捷达SDI柴油机EGR故障实例

故障现象

一辆搭载1.9L SDI柴油机的捷达汽车，发动机舱内有嗡嗡声，加速无力且费油。此故障时有时无，无故障时加速有力，有故障时发动机噪声大。

故障诊断与排除

（1）用故障检测仪读码，未发现故障码。

（2）进行试车，行驶大约1 h，突然出现"嗡嗡"声且声音越来越大，类似单向阀响。

（3）打开发动机机舱，发现声源竟是EGR控制阀发出的。

（4）常温下测量其阻值为64 Ω，远大于标准值14～20 Ω，说明EGR控制阀有故障。

（5）更换EGR控制阀后，试车，故障依旧。

（6）经过仔细检查，发现EGR控制阀两根粗细不同的管插反，将两管插回原位，故障排除。

任务三　尾气处理系统

　　为了进一步降低柴油机的有害排放物对大气的污染，除了在燃烧环节尽量降低有害排放物的生成以外，还可以采取排放后处理措施。目前国内采用的降低排放的主要措施是在发动机方面提高燃油的喷射压力（高压共轨、泵喷嘴、单体泵）、增压中冷、改进燃烧室形状（活塞凹腔形状），采用废气再循环（EGR）等。为了适应新短期排放法规，又需要增加了DOC氧化催化转换器以降低PM的排放。为了适应更加严格的新长期排放法规还必须采用尿素SCR（选择还原）型NO_x催化转换器以降低NO_x排放，并且采用柴油微粒捕集器（DPF，Diesel Particulate Filter）以减少PM排放。总的来说，为了达到全工况排放要求，除了改进发动机燃烧工况和性能，也必须采用旨在减少NO_x与PM的后处理装置。

一、氧化催化器

　　由于柴油机工作在富氧的环境下，因此尾气的处理不适宜采用三元催化器，而是采用氧化催化器。柴油机的氧化催化器如图7-25所示，氧化催化器是一个圆筒形的陶瓷载体，中间有许多细长的通道，多孔的蜂窝状结构使HC和CO与O_2的接触面积很大，以保证氧化效率。在正常工作时，HC和CO氧化过程的放热能够使催化器处于正常的工作温度范围。在冷启动时，控制装置可以采用电加热的办法使催化器快速达到正常的工作温度。氧化催化器将没有完全燃烧的HC、CO和部分微粒氧化，生成CO_2和H_2O，氮氧化物NO_x不能被氧化催化器转化，因此必须要采用废气再循环的方法减少NO_x的排放。

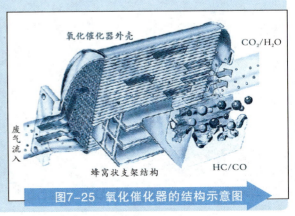

图7-25　氧化催化器的结构示意图

二、氮氧化物还原催化器

由于柴油机的空燃比较大，因此氮氧化物（NO_x）的还原是其后处理的难点之一。目前，相对比较成熟的方法是尿素SCR，即选择还原型NO_x催化还原法。

图7-26为博世公司的SCR系统通过还原剂把氮氧化物转化为N_2和O_2，一般是选择尿素水溶液作为还原剂。尿素水溶液喷射到催化剂逆流方向的排气管中，在废气温度和气流作用下汽化分解为CO_2和氨水，氨水作为还原剂将NO_x还原为无污染的氮气和水。

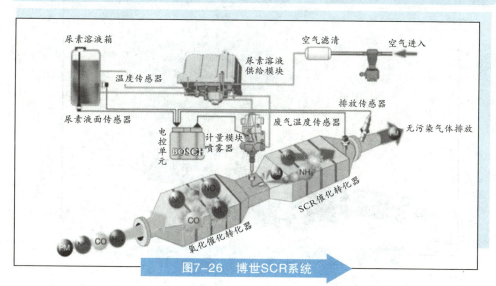

图7-26 博世SCR系统

◎**SCR降低氮氧化物催化反应式如下（T>160 ℃）：**

①尿素水溶液的分解反应式：$H_2N-CO-NH_2 + H_2O -> NH_2 + CO_2$

②NO_x的催化还原反应式：

$$NO + NH_2 + O_2 -> N_2 + H_2O$$

$$NO_2 + NH_2 -> N_2 + H_2O$$

SCR的一个最大的特点是发动机的内部燃烧允许最大优化，就是说尽可能地让柴油在较高温度下富氧充分燃烧，这样产生的NO_x虽然含量较高，但是PM的含量会有较大幅度的降低，通过SCR的催化还原效应，可以使尾气的NO_2含量大幅度降低。

选择性催化还原的效率取决于气体温度：如果在200 ℃~500 ℃的温度范围内工作，氮氧化合物到氮气和水的转化率可达85%，车辆实际运行时可以达到这个工作温度条件。

三、颗粒过滤器

柴油机的有害排放物中，颗粒（碳烟）是主要成分之一。这就需要一个颗粒过滤器，颗粒过滤器又可称为微粒捕捉器，其核心是过滤体和过滤体再生装置。颗粒过滤器的结构如图7-27所示，来自废气的微粒流过过滤体时被吸附在过滤体材料上，过滤体能吸附部分的微粒，随着微粒的堆积，过滤器前后的压力差增大，这时就将微粒燃烧掉，使其变成CO_2，以气体形式排放出去。

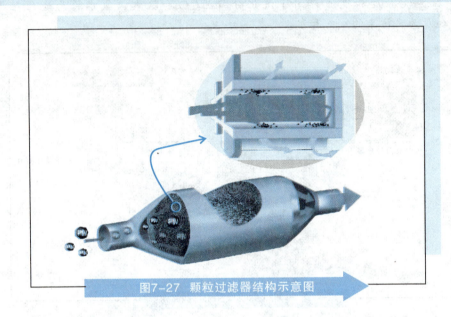

图7-27 颗粒过滤器结构示意图

微粒捕集器（DPF）的过滤效率很高，可达60%~90%。但是如果不通过滤清器再生来清除滤清器壁上沉积的微粒，这些微粒最终将阻塞滤清器。如果发动机在高负荷下运转，那么排气温度可能足以燃烧这些微粒。在柴油机微粒滤清器上游添加柴油机氧化型催化器（DOC）可以提高再生过程的效率，这将进一步降低碳氢化合物排放。这种柴油机氧化型催化器通常由具有贵金属涂层的载体构成。

如果发动机在低负荷下运转（例如市区行驶或短距离行驶），排气温度通常不足以启动再生过程，因此需要热管理来提高排气温度。这种为了"安全再生"的热管理形式包括控制进气节流阀开度、通过排气制动阀增加排气背压或者延迟后喷射，或者是上述方法的组合。延迟后喷射将在排气中产生更多的碳氢化合物，这些碳氢化合物将由柴油机氧化型催化器进行转化，从而提高柴油机微粒滤清器上游的气体温度。所有这些措施将会不同程度地导致燃油消耗量增加。为了避免滤清器阻塞，系统必须通过柴油机微粒滤清器的压差以及进气温度来进行控制。

　　奥迪3.0I—V6—共轨柴油机上使用了无催化净化添加剂的颗粒过滤器，如图7-28所示。这个催化碳烟过滤器有一个含有贵金属的过滤层。为了能还原过滤器和监控系统，一共装了3个温度传感器和1个压差传感器。第一个温度传感器位于涡轮增压器前方，第二个温度传感器安装在催化净化器后方，第三个温度传感器安装在颗粒过滤器前方；压差传感器用于监控颗粒过滤器前、后的压力差，用于识别出过滤器是否被碳烟堵塞。

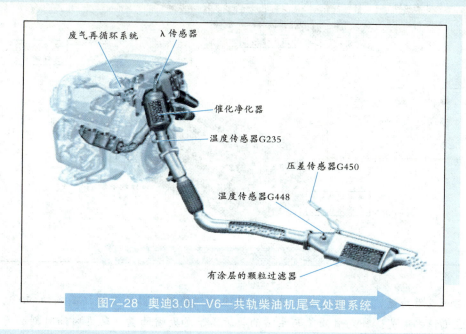

废气再循环系统　　λ 传感器

催化净化器

温度传感器G235

压差传感器G450

温度传感器G448

有涂层的颗粒过滤器

图7-28　奥迪3.0I—V6—共轨柴油机尾气处理系统

　　碳烟过滤器及滤芯的结构如图7-29所示，滤芯的结构与传统的催化净化器相似，区别在于该催化净化器的通道在进气和出气方向上是交替锁闭的，这样含有碳烟的废气就必须得穿过透气的氧化硅壁面才能流至排气系统出口，而碳烟则留到了陶瓷壁面上了。这个壁面涂有一层铑和氧化陶瓷的混合物。

　　尾气通过滤芯的铑涂层可产生二氧化氮（NO_2），铑涂层在350℃以上时会引起碳烟氧化（被动还原）。涂层中的氧化陶瓷成分在580℃时可以用O_2来加速快速热还原反应（主动还原）。

　　短程行驶或城市路况行驶时，排气温度过低，不足以启动主动还原过程。这部分颗粒的还原过程出现在温度为350℃~500℃之间，主要是汽车行驶在高速公路上时，颗粒过滤器中所含的碳烟被缓慢而仔细地转化成CO_2。这个过程不由发动机管理系统来控制，因此称为被动还原。

　　对于常见的城市行驶工况，每行驶1 000~2 000 km应通过发动机管理系统来进行一次主动的还原过程。

　　发动机控制单元中有一个预先编制好的模拟模式程序，该程序根据使用者的驾驶风格和压差传感器的值来判断过滤器的吸附饱和程度，在必要时就可执行

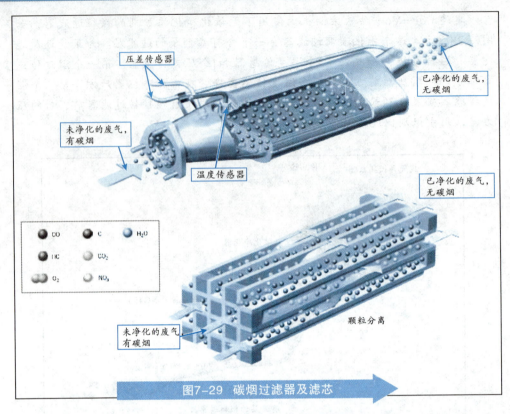

图7-29 碳烟过滤器及滤芯

主动还原功能。为此就要通过几种方法来将涡轮增压器的温度提高到约450℃，这几种方法是：补充喷油（与主喷油接近）、加大喷油量、延迟喷油时刻、关闭废气再循环、阻塞节气门。当催化净化器后的温度超过350℃时，就会进行第二次补充喷油（与主喷油很远）。这个补充喷油来得很迟，以至于燃油只来得及汽化，尚未燃烧。

这些燃油蒸汽在催化净化器处发生反应，从而将气体温度提高到750℃，于是碳烟颗粒就开始燃烧。过滤器上有一个温度传感器，用于调节第二次补充喷油的喷油量，使得碳烟在过滤器前的温度达到620℃。于是碳烟颗粒在几分钟内就烧掉了。当行驶里程达到150 000~200 000 km时，过滤器就会失效了，这时必须更换过滤器。过滤器失效时间取决于机油消耗量，这是因为机油燃烧后的剩余物（机油灰）无法烧掉，堆积在过滤器内，从而导致过滤器失效。

 课题小结

1. 涡轮增压器是一种利用发动机排气中的剩余能量来工作的空气泵，通过压缩进气，提高气体密度，减少体积，从而提高进气质量，达到提高发动机功率的目的。

2. 可变截面涡轮增压器（VNT）兼顾柴油机高速与低速工况，其采用可调式叶片（导流板）代替旁通支路。

3. EGR是废气再循环的意思，系统通过控制参与再循环的废气量来减少尾气中的NO_x的排放量。

4. 根据是否带有中冷器可将EGR系统分为冷EGR与热EGR，根据冷却方式的不同，又分为水冷EGR与空气冷却EGR。

5. 目前国内采用的降低排放的主要措施是在发动机方面提高燃油的喷射压力（高压共轨、泵喷嘴、单体泵），增压中冷，改进燃烧室形状（活塞凹腔形状），采用废气再循环（EGR）等。

6. 在柴油机工作在富氧的环境下，尾气的处理不适宜采用三元催化器，而是用氧化催化器。

7. 选择性催化还原的效率取决于气体温度：如果在200 ℃ ~ 500 ℃的温度范围内工作，氮氧化合物的氮和水的转化率可达85%。

8. 颗粒过滤器又称微粒捕捉器，核心是过滤体和过滤体再生装置。

？ 思考与练习

一、填空题

1. 柴油发动机中冷技术分为_____、_____两种。

2. 柴油机中CO是_____的产物，HC主要是_____组成的，NO_x的生成主要取决于燃烧过程中的_____、_____和_____。

3. 废气涡轮增压器由_____、_____和_____组成。

4. EGR的意思是_____；它的工作原理是_____ _____。

5. SCR系统最大的优点是_____。

6. 涡轮增压技术使进入汽缸的气体密度_____气体的体积_____，这样就增加了单位体积的空气质量，使发动机在尺寸不变的条件下能产生更高的功率。

7. 为了降低因涡轮增压升高的进气温度，一般采用_____设备对增压空气进行冷却。

8. 为了避免增压器转子超速或增压压力过高，一般通过_____来控制涡轮增压压力。

9. 为了进一步降低柴油机废气中有害物质的排放，可以采用_____、_____及_____设备对尾气进行处理。

二、判断题

1. 涡轮增压系统提高了发动机的功率，降低了燃油消耗。　　（　　）

2. 涡轮增压系统对尾气排放有积极的影响，也有消极影响。　（　　）

3. 涡轮增压器的润滑状况对涡轮增压器的使用寿命至关重要。　（　　）

4. 柴油机的尾气处理系统增加了发动机的排气阻力，容易损坏发动机。

　　　　　　　　　　　　　　　　　　　　　　　　　　（　　）

三、选择题

1. 关于柴油机涡轮增压系统的功用，以下描述不正确的是（　　）。

　　A. 将空气预先压缩后供入汽缸，以提高空气密度、增加进气量

　　B. 进气量增加，可增加循环供油量，从而可提高发动机功率

　　C. 燃油经济性会变差

　　D. 可以得到良好的加速性

2. 关于废气涡轮增压对排放的影响，以下描述不正确的是（　　）。

　　A. 涡轮增压技术使发动机燃烧更充分，CO排放进一步降低

　　B. 增压后进气密度增加，过量空气系统变大，燃油雾化充分，HC排放减少

　　C. 采用进气中冷技术可以大大降低增压后的进气温度，有效控制燃烧温度，有利于减少氮氧化物的产生

　　D. 增压系统使空气密度增大，温度升高，微粒排放增多

3. 关于废气再循环对排放的影响，以下描述不正确的是（　　）。

　　A. 废气再循环降低了燃烧室内的温度，从而增加了氮氧化物的排放

　　B. 废气的引入造成燃烧局部缺氧和燃烧不完全，引起微粒的增加

　　C. 随着废气循环的增加，氮氧化物的排放降低，但微粒排放会增加

　　D. EGR率的增加，将引起燃料燃烧条件的恶化，使HC和CO排放增加

四、简答题

1. 涡轮增压器是怎样工作的?

2. 可变截面涡轮增压器有什么优点?

3. 废气再循环对排放有哪些影响?

课题八　柴油机电控系统故障诊断与排除

◎ [学习任务]

1. 了解电控柴油机故障诊断的原则与方法。
2. 掌握电控柴油机故障诊断的基本流程。
3. 学习常见故障分析与排除的思路。

◎ [技能要求]

1. 模拟和试用各种故障诊断方法。
2. 正确使用诊断器排除故障。
3. 故障维修实践。

任务一　故障检查与排除的基本方法

一、电控发动机故障诊断的基本原则

　　电控发动机的电子控制系统是一个精密而复杂的系统，其故障的诊断也较为困难。而造成电控发动机不工作或工作不正常的原因可能是电子控制系统，也有可能是除电子控制系统外其他部分的问题，因而故障检查的难易程度也不一样。如果能够遵循故障诊断的一些基本原则，就可以用较为简单的方法准确而迅速地找出故障所在。电控发动机故障诊断排除的基本原则可概括为以下几点。

 1. 先外后里

　　在发动机出现故障时，先对电子控制系统以外的可能发生故障的部位予以检查。这样可避免本来是一个与电子控制系统无关的故障，却对系统的传感器、控制器、执行器及线路等进行复杂且又费时费力的检查，结果真正的故障可能较容易找到却因为复杂化的检查而未能找到。

2. 先简后繁

发生故障时，能以简单方法检查的部位应先予以检查。比如直观诊断最为简单，可以用看、摸、听等检查方法将一些较为显露的故障迅速地找出来。

直观诊断未找出故障原因的，需借助于仪器仪表或其他专用工具来进行诊断时，也应对较容易检查的先予以检查。

3. 先熟后生

由于结构和使用环境等原因，发动机的某一故障现象往往是以某些总成或部件出现故障最为常见，应先对这些常见故障部位进行检查。若未找出故障原因，再对其他不常见的可能发生故障的部位予以检查。这样做，可以迅速地找到故障原因，省时省力。

4. 代码优先

电子控制系统一般都有故障自诊断功能。当电控发动机运行时，故障自诊断系统监测到故障后，以代码的形式将该故障储存到ECU的存储器内，同时通过检测发动机等警告灯向驾驶员报警。这时可人工或仪器读取故障码，并检查和排除故障码所指的故障部位。待故障代码所指的故障消除后，如果发动机故障现象还未消除，或者开始就无故障代码输出，则再对发动机可能的机械故障部位进行检查。

5. 先思后行

对发动机的故障现象先进行故障分析，了解可能的故障原因有哪些，然后再进行故障检查。这样可避免故障检查的盲目性，既不会对与故障现象无关的部位作无效的检查，又可避免对一些有关部位漏检而不能迅速排除故障。

6. 先备后用

电子控制系统的一些部件性能好坏，电气线路正常与否，常以其电压或电阻等参数来判断。如果没有这些数据资料，系统的故障检查将会很困难，往往只能采取新件替换的方法，这些方法有时会造成维修费用猛增且费工费

时。因此在检修该型车辆时，应准备好维修车型的有关检修数据资料。除了从维修手册、专业书刊上收集整理这些检修数据资料外，另一个有效的途径是利用无故障车辆对其系统的有关参数进行测量，并记录下来，作为日后检修同类型车辆的检测比较参数。如果平时注意做好这项工作，会给系统的故障检查带来方便。

 特别注意：

电控发动机的故障并非一定出在电子控制系统。如果发现发动机有故障，而故障警告灯并未点亮(未显示故障代码)，大多数情况下，该故障可能与发动机电控系统无关。此时，就应该像发动机没有装电控系统那样，按照基本诊断程序进行故障检查。否则，可能遇到一个本来与电控系统无关的故障，却检查电控系统的传感器、执行器和电路等，花费了很多时间，而真正的故障反而没有找到。

二、电控发动机故障诊断的基本方法

电控发动机故障诊断按其诊断的深度可分为初步诊断和深入诊断。初步诊断是根据故障的现象，判断出故障产生原因的大致范围。深入诊断是根据初步诊断的结果对故障原因进行分析、查找，直到找出产生故障的具体部位。

电控发动机故障诊断按所采用的手段可分为：直观诊断、利用自诊断系统诊断、简单仪表诊断和专用诊断仪器诊断等。

 1. 直观诊断

直观诊断就是通过人的感觉器官对汽车故障现象进行看、问、听、试、嗅等，了解和掌握故障现象的特点，通过人的大脑进行分析、判断得出结论的诊断方法。

直观诊断方法根据诊断者的经验和对诊断车辆的熟悉程度，在运用的范围上有极大的差别。经验丰富的诊断专家，可以利用直观诊断方法诊断发动机可能出现的绝大多数故障，包括对确定故障性质的初步诊断和确定具体故障原因的深入诊断。因此，可以看出，利用丰富的经验处理电控发动机的问题尤为重要。

◎直观诊断的主要内容有：

 看

即目测检查，其目的是了解电控发动机的电控系统类型、车型，在进入更为细致的测试和诊断之前，能消除一些一般性的故障原因。

①看车型和电控系统类型。因为不同公司、不同型号的汽车，电控燃油喷射系统的形式有所不同，其故障诊断方法也不同；

②检查电控系统线束和连接器的连接状况；

③检查每个传感器和执行器有无明显的损伤；

④运转发动机，根据运转状态检查发动机的相关现象。

问

详细了解故障出现时的情形、条件、如何发生以及是否已检修过等与故障有关的情况和信息。

听

主要是听发动机工作时的声音：有无爆震、有无敲缸、有无转速或功率下降异常等。

试

根据前述检查，有针对性地试车，以便进一步确定故障。

2. 利用随车自诊断系统诊断

随车故障自诊断系统可以对系统的故障进行自诊断，在电控发动机故障诊断中是一种简便快捷的诊断方法。但是其诊断的范围和深度远远满足不了实际使用中对故障诊断的要求，常常出现发动机运行不正常而故障产生的原因可能与发动机电控系统无关的现象。另一方面则是由于随车自诊断功能的局限性所造成的，不可能设计出一种自诊断系统对其所有可能产生故障的部位进行诊断。因此，以直观诊断方法为主进行检查和判断的工作在任何时候对任何系统来说，都是不可替代的。

随车自诊断系统通常只能提供与电控系统有关的电气装置或线路故障诊断，一般只能做出初步诊断结论，具体故障原因，还需要通过直接诊断和简单仪器进行深入诊断。

3. 利用简单仪表诊断

利用简单仪表诊断，就是利用以万用表和示波器为主的通用仪表，对电控发动机故障进行诊断的方法。

这种诊断方法的特点是：诊断方法简单、设备费用低，主要用于对电控系统和电气装置的诊断。因此，这种诊断方法可用于对故障进行深入诊断。其缺点是：对操作者的要求较高，在利用简单仪表诊断时，操作者必须对系统的结构和线路连接情况有相当详细的了解，才可能取得满意的诊断效果。

 4. 利用专用诊断仪诊断

采用专用诊断仪可大大提高对电子控制系统的诊断效率。因此，电脑故障诊断仪一般适用于服务站作为专业化的故障诊断。可为准确判断故障提供有利的依据。

三、电控发动机故障诊断的基本流程

（1）通过与车主或有关人员的交谈，详细了解故障的产生、发展的全过程，以及过去的故障状况、检修状况和车况等，从而为诊断提供线索，为进一步检查提出方向。

（2）直观诊断。

（3）人工或仪器读取并验证故障码，查清故障码表示的故障是否存在，即是否故障已排除，而其故障码仍未清除。

（4）若无故障码，对有明显故障征兆的，可用诊断仪、示波器、万用表等读取有关发动机数据，进行数值、波形分析；并依据分析结果，检查有关部件，视需要进行维修或更换。若无明显故障征兆，则采用症状模拟方法对故障进行分析，以进一步检查故障的原因。

（5）若有故障码，则根据故障码的内容检查并排除故障。

（6）重新启动发动机，验证故障是否已排除。若故障未排除，则继续检查故障原因。

四、症状模拟方法

在排除故障时，最困难的是有故障而无明显的故障症状，这给故障的诊断工作带来了许多困难。这时应对故障进行彻底的全面分析，然后模拟与车辆出现故障时相同或相似的条件和环境，使故障再现，从而验证故障征兆，诊断故障，并找出有故障的部件或零件。例如，对于那些只有在发动机冷态下才出现的故障，或者车辆行驶时由于振动引起的问题等，都不能仅仅根据发动机热态和车辆静止时对故障征兆的验证来确诊。再者，振动、高温和潮湿等可能引起的故障难以在使用中再现。因此故障征兆模拟试验便成为一种诊断故障的有效方法，这种试验可以在车辆静止的情况下进行。

在模拟试验前，应缩小可能发生故障电路的范围，然后进行试验，判断被测试的电路是否正常，同时也验证故障征兆。

 ## 1. 基本检查

检查电控发动机故障，首先要掌握电控发动机的控制原理、传感器和开关信号的信号类型和标准数值。能看懂电路图，了解机械系统的结构特点和参数。其次要掌握检测流程，先查什么，后查什么。查到某一个部件时产生两种情况，如正常怎么继续检查，不正常又怎么检查。不同的故障现象，检查流程不一样，但基本流程差不多。根据不同的故障现象，有的项目可以省略不查，有的需重点检查。

（1）检查发动机熄火后的蓄电池电压，应不低于19V，否则应充电或更换。

（2）检查发动机能否转动，若发动机根本不转，则按《电控发动机常见故障的原因分析与处理》一览表进行检查。

（3）检查发动机能否启动，若不能启动，则应分别检查燃油压力、喷油量和供油时刻、燃油喷射系统，若仍不能启动，则按《电控发动机常见故障的原因分析与处理》一览表进一步进行检查。

（4）检查空气滤清器，若脏污或堵塞，应清洗或更换滤芯。

（5）检查怠速转速是否正常，若不正常，则按《电控发动机常见故障的原因分析与处理》一览表进行检查。

（6）检查燃油喷射系统，若不正常，应进行调整或更换相应部件。

（7）检查各传感器是否失效或损坏。

（8）若仍不能排除故障，则按《电控发动机常见的故障原因分析与处理》一览表进行检查。

2. 振动法

当汽车在颠簸的道路上行驶或受剧烈振动出现故障时，可用振动法进行试验，在垂直和水平方向轻轻摇动连接器插接件，并仔细检查连接器两端导线是否松脱或断路；在上下左右各方向轻轻摇动配线，并仔细检查导线塑料外套有无破损，连接点有无松脱或断路；用手指轻拍零件和传感器，检查其是否失灵。对继电器不可用力拍打，否则可能使继电器断路。

3. 加热法

当怀疑某一部分可能是受热而引起故障时，可用加热法模拟试验。用电吹风或其他加热器件、设备对可能引起故障的零部件或传感器进行加热，检查是否出现故障。此方法还能修复由于受潮而引起故障的部件。但必须注意加热温度不得高于60℃，以免损坏电子元器件。

4. 水淋法

当故障在雨天或高湿度环境下产生时，可用水喷淋在车辆上，检查是否发生故障。但应注意不可将水直接喷淋在发动机电控零部件、电子元器件和用电设备上。

5. 电器全接通法

当怀疑故障可能是用电负荷过大而引起时，可逐个接通电器负载，检查是否发生故障。

任务二　电控发动机故障诊断的形式

一、故障诊断的目的

（1）及时发现发动机可能出现的各类故障。
（2）及时给驾驶员提示发动机故障信息。
（3）对发动机实时保护。
（4）帮助维修人员快速、准确地找到故障。

二、故障码读取的方式

电控发动机出现故障后，故障码读取的方法有两种：
（1）通过随车故障指示灯读取故障码。
（2）通过专用诊断仪读取故障描述。

如深圳元征X431，博世KTS510F的电控发动机一旦出现故障，无论利用哪一种故障码读取的方式，都不能确定故障的具体部位，读取的故障码和故障描述只是一个方向。通过专用诊断仪读取故障码，根据故障的描述，查看该故障的实际值（数据流），进一步确定故障的主要位置。根据故障的方位，利用传统的机械式处理故障的方法，排除该部位的故障。

故障码清除：

对故障维修后，必须通过专用诊断仪清除ECU历史记录。

驾驶者根据发动机故障指示灯排除一般的故障后，不能清除ECU故障码，如果驾驶者无法排除故障码，尽快与服务商或厂家联系。

三、通过随车故障指示灯（闪码）排除故障

控制器(ECU)具有故障自诊断功能，但没有自动清除历史记录的功能，一

旦ECU检测出电喷系统故障，将出现以下情况。

（1）产生对应的故障码并存入内存。

（2）依照故障的严重等级，自动进入不同的失效保护策略。

（3）大部分情况下，失效保护策略仍能保持发动机以降低功率的方式继续工作。

（4）极其严重的故障，失效保护策略会停止喷油，然后发动机停止运转。

（5）出现故障闪码后，可根据闪码与对应的故障描述进行故障的排除。

（6）在闪码的出现及读取时，请开启故障请求开关，诊断开关有中断式的和复位式的两种形式：对应整车是K65引脚线，开关出现短路，故障指示灯常亮，在实际过程中利用发动机故障指示灯读取故障码往往是不精确的，会出现偏差，给故障的诊断带来不真实的现象，所以，最好利用专用诊断仪进行诊断。

（7）故障灯对应整车是K55，如果与ECU相连，故障灯出现常亮。

（8）ECU故障诊断功能和故障码。

①故障闪码闪烁方式（以闪码"5-5-3"为例，如图8-1所示）。

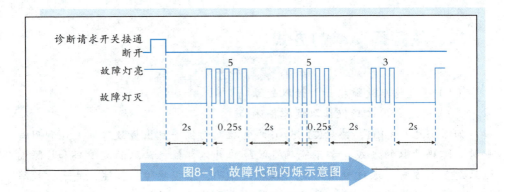

图8-1　故障代码闪烁示意图

②故障代码列表。故障代码表的使用方法：读取故障码后，根据故障代码表中的闪码来查找是什么故障。对于故障级别的定义：

0：表示错误不存储，系统灯不亮

1：表示错误存储，系统灯不亮

2：表示错误存储，系统灯马上亮

3：表示错误存储，系统灯两个驾驶循环后亮

（9）故障指示灯。

①一般说该灯位于仪表板上,形状为发动机示意图。电喷系统出现故障后点亮该指示灯，灯亮时为黄色。

打开点火开关后，系统先进行自检，点亮故障灯。如无故障，则故障灯在自检结束后自动熄灭。

电喷系统故障消失后，故障指示灯在下一驾驶循环自动熄灭。

按下故障请求开关，如ECU存有故障代码，该灯将按设定的闪码闪烁。

②通过故障指示灯读取故障码/故障闪码的方法。

点火开关处于ON（电路接通）位置。

待机与运行工况下均可进行。

按下一松开诊断请求开关即可激活闪码。每一次操作只闪烁一个故障码，依次进行即可读完所有故障码。

四、通过专用诊断仪读取故障描述排除故障

（1）利用专用的故障检测仪连接图8-2所示的电控系统诊断接口。

（2）在进入读取故障码的存储模块以后，首先要删除一下控制单元ECU故障码。

（3）因为控制单元ECU的故障编码有时是虚拟的，只要删除一下，原来虚拟的故障码就不存在了。剩下的故障码就是当前存在的真实故障码。

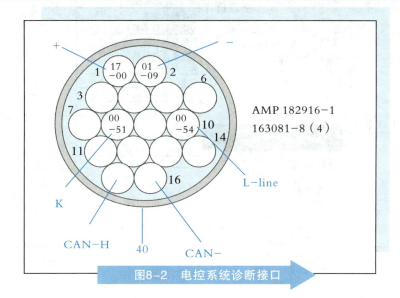

图8-2 电控系统诊断接口

五、利用实际值（或数据流）排除故障

（1）在利用专用诊断仪读取故障码后，根据故障的描述，通过观察该故障的实际值（数据流），进一步确定故障的主要位置。因为，数据流是动态

的，只有发动机在运转工作的状态下，才有数据流。在发动机运转过程中，随着发动机工作状态的变化，其数据流也在不断地变化；如果数据流没有变化，是一个固定值，直接可以确定该位置的某个传感器出现了问题。如果数据流有变化，但变化的数值非常小，可以确定该数据流的管路或线路出现了问题。然后，根据故障的方向，利用传统的机械式处理故障的方法，查找故障的确切部位。

（2）在发动机初期走保时，可利用专用诊断仪将发动机当前的实际值全部打印出来，作为该发动机的原始数据流，并存储在该客户的档案或粘贴在该客户的服务手册内。在该发动机出现问题后，再将该发动机当前的数据流打印出来，并且与该发动机的原始数据流进行比较，查看某个数据流的变化值，就是该发动机问题的根本所在。这样可以及时、准确地诊断问题。

 注意事项：

在打印数据流（如图8-3）时，一定要在同一状态下进行打印，同一状态是指发动机的转速和冷却水温一致的情况下，两次的数据流才能进行比较，否则对比的数据流是不准确的。

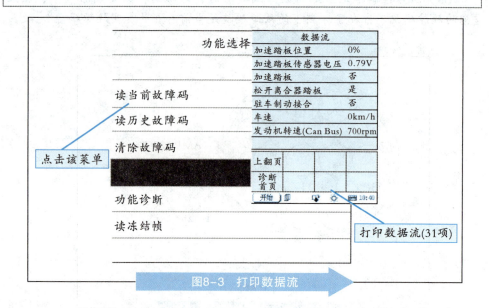

图8-3　打印数据流

六、故障诊断及保护

1.发动机保护——冷却水温高时的保护

冷却水温度高于95℃，诊断系统将限制发动机负荷不超过80%。

2.发动机保护——冷却水温过高时的保护

冷却水温度高于110 ℃，诊断系统将停止发动机运行，在运行停止前故障指示MIL的红灯点亮，发动机在约1 min之后停机。

3.发动机保护——冷却水温低时的保护

冷却水温度低于60 ℃，诊断系统禁止发动机全负荷工作，允许最大负荷80%。为防止冷却水在60 ℃左右出现负荷的突变（80%突变为100%），只有司机松一脚油门后，诊断系统才允许发动机全负荷。

4.发动机保护——喷射通道故障时的保护

当仅有一缸喷射通道出现故障时，诊断系统禁止发动机全负荷工作，允许最大负荷20%。

5.发动机保护——喷射通道严重故障时的保护

当有2缸及以上喷射通道出现故障时，诊断系统将停止发动机运行，在运行停止前MIL的红灯点亮，发动机在约1 min之后停机。

6.冷却水温传感器冷启动默认值为-15 ℃

冷却水温传感器工作默认值为95 ℃。

七、故障主要表现

（1）发动机进入跛脚状态或功率、转速下降状态（转速加不上，在加到2 500~2 800 r/min后，迅速下降到1 500~1 600 r/min）。

（2）发动机不能启动或启动困难状态。

（3）发动机动力不足状态。

（4）故障指示灯常亮或闪亮状态。

八、故障处理方式

 1. 首先进行直观诊断（初步诊断）

通过故障现象进行看、问、听、试、嗅，并且与操作者进行交流，详细了解故障发生的过程、现象。

 2. 查找电控系统

（1）利用随车自诊断系统（闪码）诊断，一般只能做出初步诊断结论。

（2）利用专用的诊断仪（P码）（BOSHKTS510F或深圳元征X-431诊断

仪）读取故障的描述，同时，查看其实际值（数据流），并与额定数据流进行比较。

（3）利用示波器或万用表测量ECU的在线电压（电路）情况。例如，启动点火索至仪表盘的K28控制线、仪表盘至ECU的K43脚间线通信情况或为ECU提供供电的继电器的1、3、5的在线正电压"1、3、5为正极供电"或与87脚的连接情况。

（4）利用示波器或万用表测量ECU及各传感器和线束的通信状态（是否有开路的现象）。

（5）连接（EOL）调整发动机台架数据为整车数据。

 ### 3. 查找油路

（1）通过专用诊断仪查看燃油压力的变化（也就是轨压的实际数据流）。

（2）查看低压进、回油管路的流畅及堵塞情况。

（3）检查燃油的品牌。

（4）检查油水分离器的水量。

（5）检查油水分离器至主柴滤燃油管路的长度及弯度情况（及油水分离器与主柴滤的位置变化）。

（6）检查燃油计量单元或轨压传感器的工作状态。

任务三　电控柴油发动机常见故障原因的分析与处理

一、电控发动机不能启动及启动困难

◎柴油发动机能正常启动必须具备4个要素：

（1）足够的喷油压力与喷油量。
（2）足量的空气量。
（3）正确的喷油时刻。
（4）正常的汽缸压缩压力。

通常某一工作要素异常便会引起发动机不能启动或启动困难。导致电控柴油发动机启动故障的因素较多，有的启动系统、燃油喷射系统和发动机机械故障等。发动机机械故障应在排除了燃油喷射系统和电控燃油喷射系统的故障后再作进一步的检查。启动故障一般表现为不能启动（无初始燃烧）和启动困难。

◎其检查与排除方法如下：

（1）检查有无故障码，若有，应按故障码内容进行检查。
（2）检查启动时，发动机能否转动。
①当启动时，起动机不转，应按启动系统故障原因进行检查。首先检查蓄电池存电情况和极柱连接与接触情况；如果正常，则检查启动线路、熔断器及点火开关。如果启动时，起动机能转动而发动机不能转动时，为起动机与发动机啮合部分故障。
②当启动时，发动机转速正常，而发动机就是不启动，应对燃油喷射系统及进气系统分别进行检查。对于采用电控燃油喷射式发动机，其启动时不需踩加速踏板。如果启动时将加速踏板全踩下或反复踩加速踏板以求增加供油量，往往会使发动机转速瞬时增高，从而导致发动机产生燃油消耗量增加的现象。
（3）脱开油门踏板线束，如此使发动机可以进入怠速运转，则说明故障为油门踏板出现了故障。

（4）外观检查：检查进气管路有无漏气。

（5）油路检查：检查油管的连接状态，进空气的现象及燃油的品质。

（6）线束检查：线束连接状态是否有松动现象或插接不牢固的现象。

（7）传感器的检查：检查传感器是否失效、线路松动或断裂及曲轴与凸轮轴的同步信号。

（8）检查喷油器有无控制信号：若无控制信号，应检查熔断器、线路和ECU；若有控制信号，则应检查喷油器的喷雾情况是否正常。

二、发动机动力不足、加速不良

发动机动力不足的现象是指发动机无负荷运转时基本正常，但带负荷运转时加速缓慢，上坡无力，加速踏板踩到底仍感到动力不足，转速提高不多，达不到最高转速。

发动机加速不良的现象是指踩下加速踏板后发动机转速不能马上升高，有迟滞现象或在加速过程中发动机有轻微的波动。

发动机动力不足、加速不良的原因有：燃油系统油压过高或过低；喷油器喷油不良；传感器信号错误；喷油量过小；喷油正时不正确；汽缸压缩压力低；排气管堵塞等。

三、发动机减速或自动熄火

发动机运行时放开加速踏板或在车辆行驶时自动熄火，其根本原因是发动机从非怠速至怠速时，怠速不易稳定，所以立即熄火。具体原因有油门踏板故障；曲轴位置传感器与凸轮轴传感器信号不同步；燃油油压故障；控制单元信号错误；喷油正时不正确等。重点检查从非怠速至怠速时的数值变化情况。

四、跛行回家

在某些不正常的情况下，如油门踏板传感器失效、曲轴和凸轮轴传感器失效、蓄电池电压过高、进气压力传感器失效，发动机故障指示灯将点亮，控制器（ECU）将控制发动机以较低的转速和较小的负荷运行，车辆可以慢速地开到附近的维修站，这就是跛行回家功能。

任务四　柴油机故障案例分析

案例一　　大众捷达柴油汽车怠速不稳

故障现象

该车配置的AQM发动机怠速运转不稳定，行驶过程中加速无力，并出现轻度冒黑烟的现象。

故障分析

捷达柴油轿车出现怠速运转不稳的现象，一般是由以下几方面引起的。

（1）个别汽缸的汽缸压力过低。

（2）VP37轴向柱塞式分配泵损坏，进而导致供油量不均匀。

（3）个别汽缸喷油器损坏或有堵塞。

检修流程

首先测试汽缸压力，汽缸压力均在标准范围（2 500~3 100 kPa）之内。用V．A．G1551检测VP37泵和喷油器，检测结果：存储器内无故障；柴油泵喷油量在2.0 mg/s左右变化，变化范围较大；供油时刻起始值为94。

根据以上数据，首先调整喷油起始角04功能下000组，2区数值为50~60，故障现象依旧。然后检查燃油系统，结果未发现水或杂质，供油畅通。检查电路系统一切正常。因此怀疑是VP泵出现了故障，更换1个新的，故障现象依旧。又重新开始分析怠速稳定控制数据组013，发现3缸作功比其他3个缸都好，且超出了调整的允许范围（±1.9 mg/s），这也就是说3缸供油太多了。因此拆下3缸喷油器并测试其开启压力，结果在压力达到7 000 kPa时喷油器开

始喷油。标准的开启压力为19 000~20 000 kPa，也就是说3缸喷油器在未达到标准压力时提前开启，更换3缸的喷油器，故障排除。

 维修小结：

　　捷达SDI柴油轿车喷油器是采用双螺旋弹簧控制喷油器开启压力的，由于3缸喷油器的1个弹簧断裂（拆检喷油器发现），致使开启压力过低，喷油器开启过早，喷油量过多，针阀升程传感器把这一信号反馈给发动机电脑。针阀升程传感器能够向发动机控制单元准确反映喷油起始时刻，喷油持续的时间即喷油量，同时还起到判缸的作用。这时发动机电控单元控制VP泵减少喷油量，也就是说按针阀升程传感器的信号，3缸的喷油量已足够。而到1、2和4缸时，开启压力较高，需19 000~20 000kPa，此时就会导致1、2和4缸供油量不足，做功能力不足。此时发动机电脑为了使怠速运转稳定，就会出现供油量变化范围较大的现象，以此维持发动机的怠速运转，给人们的直观感觉就是柴油泵已经损坏了。因此，捷达AQM发动机在维修过程中，如果发现喷油量过大或过小，不一定是VP轴向柱塞式分配泵损坏，一定要做仔细全面检查。

 **案例二　江淮瑞风2.8 L高压共轨柴油车里程表不工作**

 故障现象

　　一辆2009款瑞风商务车，此车装配2.8 L 4DA1-2B1高压共轨柴油发动机，5挡手动变速器，行驶里程19 000 km。该车因里程表不工作而送修。

 故障分析

根据瑞风车车身电器结构控制特点，导致车速里程表不工作的可能因素有：

（1）车速里程表自身失灵。
（2）组合仪表背面相关连接器插接不牢。
（3）车速传感器及其线路故障。
（4）车速传感器从动齿轮损坏。
（5）车速传感器供电线路不良。
（6）车身控制单元BCM内部故障。
（7）车身控制单元BCM供电线路故障。

 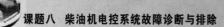
（8）发动机控制单元内部故障以及车身控制单元BCM与发动机控制单元通信故障等。

 检修流程

据用户反映，该车曾在其他专营店更换过组合仪表和车速传感器，但故障依旧，因此可以排除组合仪表及车速传感器损坏的可能性。用举升机将车举起，打开点火钥匙至ON挡，用万用表对车速传感器3P连接器的供电情况作了检测，供电电源正常，搭铁线正常，但车速信号线处于搭铁状态，正常情况下应有5～6 V电压，说明故障与车速传感器控制信号线搭铁有关。

接着采用分段测量法对相关系统线路进行逐一排查。首先拔下位于蓄电池支架末端的车速传感器及倒车灯线束的4P连接器，用万用表对其信号线进行测量（EE09连接器的3号端子），仍处于搭铁状态，其信号线对地电阻为76 Ω左右，遂怀疑车身控制单元BCM内部存在故障。但在发动机启动后，打开所有车身电器开关，各项电器工作均正常，这说明车身控制单元BCM存在故障的概率很小。为了验证车身控制单元BCM是否对该故障产生影响，拔下位于仪表台左下方的车身控制单元两组24P连接器（白色和灰色），再次对其信号线进行测量，其信号线仍处于搭铁状态，且对地电阻几乎无变化，这表明车身控制单元BCM与信号线对地短路故障无关。

经查阅维修资料得知，该车车速传感器信号线不仅与车身控制单元BCM通信，也与发动机控制单元进行通信，它与发动机控制单元连接器的K75端子相连。拔下发动机控制单元的2组连接器，发现连接器内部有潮湿现象，且发动机控制单元端子表面也有水迹。此时再对其信号线进行测量，信号线不再对地短路，万用表显示其电压为5.6 V，恢复正常。

故障排除：用吹风枪吹干发动机控制单元连接器表面的水迹，由于发动机控制单元仍处于保修期，更换一块新的发动机控制单元，将所拆零部件装复进行试车，车速里程表工作正常。

 维修总结：

该车故障主要是由于发动机控制单元及其连接器进水，从而导致发动机控制单元内部电路短路，影响了车速传感器信号线的正常通信。经检查未发现存在密封不良的情况，并且该车故障排除后再未出现进水现象，由此基本排除水从车辆外部渗入的可能性，故进水应该是人为所致（如洒入饮料等）。

课题小结

1. 电控发动机故障排除原则为：先外后内、先易后难、先熟后生、代码优先、先分析再行动、先备份后留用。

2. 电控发动机故障诊断方法按所采用的手段可分为：直观诊断、利用自诊断系统诊断、简单仪表诊断和专用诊断仪器诊断。

3. 柴油发动机正常启动的4个要素：足够的喷油压力与喷油量；足量的空气量；正确的喷油时刻；正常的汽缸压缩压力。

4. 发动机动力不足、加速不良的原因：燃油系统油压过高或过低；喷油器喷油不良；传感器信号错误；喷油量过小；喷油正时不正确；汽缸压缩压力低；排气管堵塞等。

5. 发动机减速或自动熄火的主要原因为发动机从非怠速至怠速时，怠速不稳定。具体原因有油门踏板故障；曲轴位置传感器与凸轮轴传感器信号不同步；燃油油压故障；控制单元信号错误；喷油正时不正确等。

思考与练习

一、填空题

1. 电控发动机故障检测的基本原则是 _____、_____、_____、_____、_____、_____ _____。

2. 电控发动机故障诊断的基本方法是 _____、_____、_____、_____。

二、简答题

1. 电控发动机故障诊断的基本流程是怎样的？

2. 电控发动机故障症状模拟方法有哪些？

3. 电控发动机故障处理方式有哪些？